AF531936

Die 5 Säulen der Liebe

Wie Sie in der Partnerschaft richtig miteinander kommunizieren, sich wertschätzen lernen und Ihre Liebe positiv beeinflussen können

– für eine bessere & langfristige Beziehung

Haftung für externe Links

INHALT

Vorwort

Haben Sie sich schon einmal gefragt, weshalb Sie und Ihr Partner nicht immer auf derselben Wellenlänge sind? Zeigt er Ihnen seine Liebe anders, als Sie es sich vorstellen? Können Sie seine Bedürfnisse nur schwer nachvollziehen und haben Sie Differenzen, die nicht leicht zu beheben sind? Kommt es oft zu Missverständnissen innerhalb Ihrer Beziehung und wünschen Sie sich, Ihren Partner besser zu verstehen? Sie sind mit diesen Gedanken nicht allein, denn vielen Paaren geht es so und nur wenige wissen, wie sie aus dieser Gedankenspirale wieder herausfinden. In der Liebe gibt es, ähnlich wie bei Fremdsprachen, andere Verständigungsformen, die manchmal nicht zusammenpassen. Sprechen beide Partner eine übereinstimmende Sprache, fühlen sich beide angenommen und geliebt. Häufig ist jedoch das Gegenteil der Fall.

Auch ist die Sprache in einer Beziehung im Wandel und kann anfangs noch harmonieren, sich mit der Zeit jedoch vollkommen umwandeln. Dies hängt mit zahlreichen Faktoren zusammen, die sich im Laufe des Lebens entwickeln. Eine veränderte Wahrnehmung oder gesteigerte Bedürfnisse sind beispielsweise Gründe, weshalb eine Beziehung nicht mehr so funktioniert wie vorher.

Beziehungen erfolgreich einzugehen und diese zu pflegen, ist eine Kunst und bedarf sehr viel Fingerspitzengefühl. Empathie und eine wertschätzende Kommunikation sind wichtige Grundpfeiler in einer gesunden Partnerschaft, die durch Eigeninitiative und Achtsamkeit aufrechterhalten werden können. Menschen sprechen jedoch verschiedene Sprachen und es treten oft Kommunikationsschwierigkeiten auf, die dazu führen, dass eine Partnerschaft sich verändert oder sogar scheitert. Unterschiedliche Sprachen in der Liebe führen zu gewissen

Komplikationen, wodurch beide Partner aneinander vorbeireden oder schlimmstenfalls keine Kommunikationsgrundlage finden können. Das Ende der Partnerschaft kann durch diese Umstände schnell eintreten und nur abgewandt werden, wenn beide Partner lernen, die Sprache des anderen zu deuten.

In diesem Ratgeber lernen Sie die fünf Sprachen der Liebe kennen und wie Sie diese in Ihrer eigenen Beziehung anwenden können. Noch dazu haben Sie die Möglichkeit, Ihre persönliche Liebessprache anhand eines Selbsttests zu bestimmen und Sie erhalten dann mit dieser Grundlage viele praktische Tipps für eine erfolgreiche Beziehung. Am Schluss befindet sich noch ein Bonuskapitel zum Thema Kommunikation in der Beziehung, welches Ihnen hilfreiche Anreize für den Alltag mit Ihrem Partner gibt.

Ich wünsche Ihnen abschließend viel Vergnügen beim Lesen und Entdecken der fünf Sprachen der Liebe. Ich hoffe, Sie können für sich sehr viel daraus mitnehmen und sogar einige Punkte in Ihrer Partnerschaft optimieren, sofern denn Bedarf besteht.

Warum Liebe lebensnotwendig ist

Jedes Individuum braucht Zuneigung, Geborgenheit und Sicherheit, um zu überleben. Liebe, in welcher Form auch immer, hilft uns Menschen, ein glückliches Leben zu führen. Schon von Geburt an sind wir auf die Liebe unserer Mutter angewiesen und diese hilft uns, dass wir uns in dieser Welt zurechtfinden und sicher fühlen. Ein Baby, welches diese Wärme und Liebe nicht erfährt, wird später im Umgang mit sozialen Kontakten Schwierigkeiten haben. Was Liebe bedeutet, wird uns nicht in die Wiege gelegt, sondern muss erlebt und erlernt werden.

Eltern signalisieren durch ihre Zärtlichkeiten, das Umsorgen sowie den achtsamen Umgang mit ihrem Baby, was es heißt, Liebe zu empfangen und auch auszusenden. Und während unseres gesamten Lebens erfahren wir von vielen Seiten Liebe in allen Formen und Varianten. Dazu gehören Freundschaften, Partnerschaften und Beziehungen zu Familienmitgliedern oder Haustieren, die uns immer wieder vor Augen führen, weshalb Liebe so wichtig ist.

Ohne diese starken Bindungen wären wir Menschen auf uns allein gestellt und niemand würde uns auch nur annähernd zeigen, wie es sich anfühlt, geliebt zu werden. Dies hätte zur Folge, dass wir abstumpfen und intensive Gefühle unterdrücken, bzw. beim Gegenüber nicht erkennen könnten. Noch dazu gestalten sich Beziehungen schwierig, da wir nicht dazu imstande wären, Liebe zu schenken, weil wir ebendiese nie erlebt haben.

Man kann schon sagen, dass die Liebe im Leben eines jeden Menschen eine ganz zentrale Rolle spielt. Sie ist von der Natur vorgesehen und begegnet uns in sämtlichen Phasen des Lebens. So ist es normal, dass wir stets auf der Suche nach Anerkennung und Zuneigung sind, da wir ohne liebevolles Miteinander innerlich zu zerbrechen drohen und sich schnell Einsamkeit einstellt. Dabei können psychische Folgen und Krankheiten auftreten, die sich sogar auf die körperliche Verfassung auswirken und die Gesundheit in Mitleidenschaft ziehen würden. Wurde einem Menschen von klein auf wenig Liebe entgegengebracht, so sind im späteren Verlauf seines Lebens starke Folgen zu befürchten. Fragwürdige Ersatzbefriedigungen, Depressionen, Narzissmus, Resignation oder Isolation aus der Gesellschaft sind nur einige Auswirkungen einer liebesarmen Erziehung.

Kinder werden so auch in ihrer Entwicklung ausgebremst und haben schon früh mit Minderwertigkeitskomplexen zu kämpfen, da sie von ihren Eltern kein solides Selbstbewusstsein vermittelt bekommen oder sicher gehen können, dass ihre Eltern sie bedingungslos lieben, selbst, wenn sie etwas falsch machen oder nicht immer deren Meinung sind. Noch dazu brauchen Kinder jemanden, der ihnen ein gesundes Selbstbild und Selbstliebe vermittelt.

Ohne diese Selbstliebe wird es fast unmöglich sein, anderen Menschen Liebe zu schenken, ohne etwas dafür zu verlangen. Wahre Liebe ist nicht fordernd, sondern sollte aufopfernd und ehrlich sein. Wir Menschen brauchen sie wie die Luft zum Atmen und sie sorgt dafür, dass unser Leben Sinn ergibt. Sie macht uns auch gegen äußere Einflüsse stark und hilft uns dabei immer wieder, neuen Mut zu fassen und nicht aufzugeben. Wer ein liebevolles und stützendes Umfeld besitzt, kann sich daher glücklich schätzen und weiß, dass er in schweren Zeiten immer wieder aufgefangen wird. Liebe ist wertvoll und schützt die Seele, das Herz und den Geist.

Nehmen wir beispielsweise die bedingungslose Liebe von Tieren, die uns nie etwas nachtragen und wie treue Seelen an unserer Seite stehen. Wie beruhigend und erfüllend ist es, wenn Sie Ihre Katze streicheln und sie Ihnen auf ihre Weise durch Schnurren und Kuscheln vermittelt, dass Sie gerade unverzichtbar sind? Oder Ihr Hund, der freudestrahlend in der Tür steht, Sie anspringt und vollkommen verrücktspielt, wenn Sie den Raum betreten? Auch diese kleinen Liebesbekundungen sind Balsam für die Seele und helfen uns Menschen dabei, ein wohliges Gefühl zu entwickeln.

Liebe begegnet uns im Alltag in vielen Facetten und bereichert unser Leben. Dazu zählt nicht nur die stürmische Liebesromanze, sondern auch kleine Begebenheiten unserer Mitmenschen. Zum Beispiel auch, wenn wir unsere Kinder in den Arm nehmen und sie uns ein „Hab dich lieb“ ins Ohr flüstern. Oder unser Partner Zeit mit uns verbringen möchte, unsere Eltern am Telefon in Erinnerungen schwelgen sowie unsere Freunde stets ein offenes Ohr für uns haben. Liebe ist so vielfältig und absolut lebensnotwendig. Ohne Liebe wären wir emotionslos, verbittert und ohne jegliche Empathie. Schlimmstenfalls sogar einsam und frei von sozialen Kompetenzen.

Sieben Gründe, warum Liebe wichtig ist:

1) Sie schafft tiefe Verbindungen zu anderen Menschen und bringt wichtige Beziehungen hervor.

2) Intimität ist wichtig für den Körper und die Liebe befriedigt sowohl körperliche als auch geistige Bedürfnisse.

3) Durch intensive Gefühle lernen wir uns selbst besser kennen. Wir verstehen unsere eigenen Wünsche und werden gleichzeitig dazu motiviert, unsere Ziele zu erreichen.

4) Sie gibt uns Sicherheit, Geborgenheit und Zuversicht.

5) Liebe hilft uns dabei, dass wir uns stetig weiterentwickeln und an unserer Persönlichkeit arbeiten.

6) Wir können unseren Mitmenschen zeigen, wie wichtig sie uns sind. Dabei haben wir die Möglichkeit, Liebe durch kleine Aufmerksamkeiten oder durch wertschätzende Kommunikation sowie Körperkontakt zu zeigen.

7) Ohne Liebe gäbe es keine Inspiration, Romantik oder Dankbarkeit. Unser Zusammenleben wäre trostlos und wenig erfüllend.

Wie entsteht Liebe?

Sie kennen das Kribbeln im Bauch und die Nervosität sicherlich auch, wenn Sie an Ihr Objekt der Begierde denken? Sie spüren die starke Anziehungskraft und die Glücksgefühle, wenn Sie Ihren Partner ansehen, und Sie bemerken eine wohlige Wärme in Ihrem Herzen. So oder so ähnlich könnte man Liebe beschreiben. Ein überwältigendes Gefühl, dass uns Menschen vollkommen aus dem Konzept bringen kann. Doch wie genau entsteht diese Verliebtheit und woran merken Sie, ob das, was Sie da spüren, tatsächlich Liebe ist?

Wissenschaftlich gesehen, ist die Liebe ein Prozess, der nur im Gehirn stattfindet. Ursprünglich wird eigentlich das Herz mit der Liebe in Verbindung gebracht, da hier auch das sogenannte Herzklopfen entsteht, was streng genommen nur eine körperliche Reaktion auf Ereignisse des Gehirns darstellt. Beim Verlieben spielen einige Vorgänge im Kopf eine gewisse Rolle und lassen das Gefühl von Verbundenheit entstehen. So schüttet der Körper eine Reihe von Hormonen aus, die dafür sorgen, dass eine starke Bindung zu anderen Menschen entsteht.

Der Anstieg des Hormons Dopamin sorgt im Belohnungszentrum des Gehirns für überschwängliche Freude. Kurz gesagt, Sie fühlen sich glücklich. Kommen dann dazu noch zärtliche Berührungen der angebeteten Person, sorgt das Kuschelhormon Oxytocin für noch mehr Anziehungskraft und ein starkes unsichtbares Band. Adrenalin lässt den Körper erzittern und nervös werden, etwa wenn Sie kein klares Wort mehr herausbringen, weil gerade Ihr Schwarm erscheint. Serotonin sorgt ebenfalls für starke Glücksgefühle, während Testosteron und Östrogene das körperliche Verlangen verstärken. So viel zum wissenschaftlichen Teil.

In der Praxis hat die Entstehung der Liebe hauptsächlich mit Augenkontakt, Körperkontakt, optischen Reizen, Geruch und letztendlich mit der Sprache zu tun. Gleiche Interessen, gemeinsame Erfahrungen, Attraktivität und konstanter Kontakt führen zu einer Intensivierung der Gefühle. Ein interessantes Experiment des Forschers Arthur Aaron besagt, dass sich zwei Personen nur etwa vier Minuten lang in die Augen schauen müssten, um sich vertrauter zu fühlen. In der Tat bildet sich in dieser Zeit eine Verbindung auf, ohne dass das Gegenüber auch nur ein Wort von sich gibt.

Der Augenkontakt gibt auch bei Paaren Aufschluss darüber, ob diese sich in der Beziehung noch wohlfühlen oder ihre gegenseitige Liebe wiederentdecken können. Stellt sich ein gewisses Unbehagen ein und können sich die Paare nicht mehr in die Augen schauen, so ist die Partnerschaft stark geschädigt. Besonders betroffen sind dabei langjährige Beziehungen. Nach einer längeren Phase der Verliebtheit stellt sich langsam die Routine ein und es kommt zu einem leichten Liebesverlust, der jedoch durch positive Verhaltensweisen beider Partner aufrechterhalten werden kann. Hierbei können die fünf Sprachen der Liebe helfen, auf die ich in den folgenden Kapiteln näher eingehen werde.

WAS IST LIEBE?

Wir begegnen ihr ständig und wissen dennoch nicht so recht, wie man Liebe beschreiben könnte. Ist sie ein Zustand, der sich bewusst erreichen lässt, oder ein Gefühl, das sich urplötzlich von selbst einstellt? Oft verlieben sich Menschen aus heiterem Himmel und wissen nicht, wie es dazu kam. Kinder lieben ihre Eltern bedingungslos seit der Geburt und niemand weiß genau, warum. Diese starken Verbindungen sind ein wahres Phänomen und Wissenschaftler auf der ganzen Welt beschäftigen sich schon seit Jahrzehnten mit der Entstehung der Liebe.

Zwar gibt es neurologische und biochemische Erklärungen, jedoch bleibt die Liebe immer noch ein Mysterium, da sich nicht jeder Mensch gleichermaßen in jeden Menschen verlieben kann.

Die Herkunft des Wortes Liebe lässt sich nicht genau bestimmen. Im Mittelhochdeutschen wandelte sich das Adjektiv „liep" (Gutes, Angenehmes, Wertes) von „liubi" (aus dem 9. Jahrhundert) und „lioba" (aus dem 11. Jahrhundert) ab. Im Indogermanischen gibt es die Bezeichnung „leubh", was so viel wie begehren, lieb haben bedeutet. Liebe war im Mittelalter so nicht im Sprachgebrauch vorzufinden, sondern eher bekannt als Minne. Die Minnesänger von damals, die über holde Jungfrauen sangen und so die ersten Liebeslieder erschufen, sind fast jedem bekannt. Aber Minne bedeutete nicht nur die Liebe zu anderen Menschen, sondern auch zu Gott oder der Natur. Es war vielmehr eine Liebesbekundung an die eigene geistige Zuwendung.

Die Liebe bezeichnet also ein überwältigendes Gefühl, welches durch Verlangen, Begehren und tiefe Verbundenheit erklärt werden kann. Sie sorgt dafür, dass der Mensch Beziehungen eingehen und führen kann. Dabei geht es nicht immer um Liebesbeziehungen, sondern auch um platonische Liebe oder familiäre Liebe. Sie kann sich entwickeln oder sogar wie bei der Geburt eines Menschen unmittelbar bestehen. Es gibt sogar unterschiedliche Formen und Intensitäten, die es möglich machen, für mehrere Menschen Liebe zu verspüren. Das macht das Thema Treue so schwierig, da sich Menschen in mehrere Personen verlieben können und hierdurch in Versuchung geführt werden. Ein Wechselbad der Gefühle kann dabei entstehen und für Verwirrung sorgen.

Keinesfalls sollte die Liebe mit Verliebtheit gleichgestellt werden, denn die Anfangseuphorie der Verliebtheit kann schnell abnehmen und sich später in eine andere Form umwandeln. Die Liebe selbst ist ein vollkommener Zustand, der eine konstante, tiefe Zuneigung und Wertschätzung zur anderen Person beschreibt. Hierbei sind tiefgründigere

Emotionen vorhanden und die Beziehung an sich weist eine enorme Wertschätzung bis hin zur Seelenverwandtschaft auf.

DIE VERSCHIEDENEN ARTEN DER LIEBE

Nicht jede Liebe ist miteinander vergleichbar und es gibt verschiedene Unterkategorien. So kann eine Beziehung zum Partner bestehen, bei der eher romantische Gefühle zum Vorschein kommen. Es gibt jedoch auch Liebesformen, die andere Merkmale besitzen und sich grundlegend voneinander unterscheiden.

Eros - Leidenschaft

Bei dieser Liebesform stehen romantische Gefühle und körperliches Begehren im Vordergrund. Das typische Liebespaar ist hier einzuordnen. Die Intensität dieser Liebe ist sehr überwältigend und die Liebenden verlieben sich Hals über Kopf in die auserwählte Person, ohne etwas dagegen tun zu können. Das starke Verlangen nach der anderen Person kann jedoch auch sehr schnell wieder verfliegen und muss daher durch viel Aufmerksamkeit aufrechterhalten werden.

Philia - Platonische Liebe

Unter Freunden kennt man diese Liebesform sehr gut. Man ist für den anderen da und verspürt eine starke Verbindung, die ein Leben lang bestehen kann. Dabei ist es egal, ob sich die Freunde über einen längeren Zeitraum nicht sehen oder Kontakt haben. Die Freundschaft bleibt trotz allem bestehen, weil eine Art Seelenverwandtschaft besteht. Wertschätzung und Kameradschaftlichkeit sind die Grundpfeiler einer platonischen Liebe und kommen ganz ohne romantische Gefühle aus.

Storge - Vertrautheit

Langjährige Beziehungen weisen eine immense Nähe und Vertrautheit auf, die sich über die Jahre zwischen den Partnern aufgebaut hat. Sie sind an Krisen gewachsen und mussten ihre Liebe immer wieder neu entdecken oder wurden sogar hart auf die Probe gestellt. Oft kann diesen Paaren nichts mehr etwas anhaben und sie bleiben bis zum Rest ihres Lebens zusammen, da sie sich gegenseitig akzeptieren und gelernt haben, mit dem Partner auszukommen. Sie fühlen sich erfüllt und die Beziehung gleicht einem sicheren Hafen.

Agape – Universelle Liebe

Universelle Liebe bezeichnet die Liebe zum Gesamten. Das bedeutet, sie ist selbstlos und bezieht sich eher auf die Welt, die Natur, Gott oder auch das Universum. Alle Wesen sind hier einbezogen und dieses Grundgefühl der Liebe fokussiert sich nicht ausschließlich auf eine Person, sondern soll allumfassend sein. In der Religion steht sie für den einzig wahren Weg und soll die Menschen dazu bewegen, jedem Geschöpf Liebe entgegenzubringen. Dazu gehört auch eine gewisse Toleranz gegenüber anderen Lebensumständen, Meinungen, Kulturen usw.

Ludus – Verspieltheit

Hier sind feste Beziehungen nebensächlich und diese Liebesform zielt darauf ab, Spaß mit wechselnden Partnern zu haben. Der Wunsch nach Bindungslosigkeit und offenen Beziehungsmodellen steht hier über dem Wunsch, eine Verpflichtung einzugehen und sich festzulegen. Dabei sind die Partner, wenn man sie so nennen kann, völlig frei und es gibt keine Regeln. Verführung und Flirten sind wichtiger als innere Verbundenheit und treten bei Ludus in den Hintergrund bzw. werden völlig verdrängt.

Pragma – Pragmatische Liebe

Zunächst wird diese Liebesform nicht von Anfang an durch starke Gefühle geprägt. Vielmehr stellt die Beziehung eine pragmatische Lösung dar. Dies kennt man aus früheren Zeiten, in denen Ehen oder Allianzen eingegangen wurden, um einen möglichst hohen Nutzen zu erzielen. Heutzutage ist dies kaum noch vorstellbar und eher unüblich. Sicherlich kann sich daraus auch Zuneigung oder so etwas wie Liebe entwickeln, doch dies geschieht selten. Vielmehr stehen die Vorteile des Zusammenseins im Vordergrund und sind größtenteils zweckgebunden.

Philautia – Selbstliebe

Der Mensch ist sich selbst der Nächste und sollte daher auch über ein gesundes Maß an Selbstliebe verfügen. Nur, wer sich selbst wertschätzt und liebt, kann anderen Menschen aufrichtige Liebe schenken. Dies hat allerdings nichts mit Narzissmus zu tun, sondern ist vielmehr das bewusste Annehmen des eigenen Ichs. Erst durch Selbstliebe ist es möglich, vollkommen für andere Menschen da zu sein.

LIEBE KANN LEICHT VERWECHSET WERDEN

Wahre Liebe ist großartig und nahezu jeder Mensch möchte sie erreichen und möglichst lange bewahren. Doch nicht immer ist diese Liebe echt und kann durch fehlende Bedürfnisse oder Sehnsüchte verwechselt werden. Es gibt verschiedene Gründe, weshalb eine Person sich in falsche Emotionen flüchtet und sich dabei selbst etwas vormacht.

Häufig sind mangelndes Selbstbewusstsein, psychische Probleme, negative Erfahrungen oder fehlende Anerkennung und Liebe in der Kindheit dafür verantwortlich. Aber auch in bestehenden Beziehungen kann sich der Status irgendwann verändern, da die Routine einkehrt, man andere Vorstellungen als der Partner hat oder Wesensveränderungen stattgefunden haben.

Gewohnheit

Irgendwann kann in einer Partnerschaft der Zeitpunkt kommen, bei der die Gewohnheit die Liebe ablöst. Dieser Vorgang geschieht schleichend und ist nicht sofort erkennbar. Erst durch gewisse Ereignisse oder Erkenntnisse gelingt es einem Partner oder bestenfalls sogar beiden zu realisieren, dass die Beziehung nur noch auf Bequemlichkeit beruht. Einige Menschen klammern sich hier mit allen Mitteln an den anderen Partner, weil sie Angst vor der Veränderung oder der ungewissen Zukunft haben. Das Loslösen fällt schwer und wird als enormer Kraftakt wahrgenommen. Es kann schlimmstenfalls sogar zu einer emotionalen Abhängigkeit kommen.

Schwärmerei

Das Verliebtsein wird häufig mit Liebe gleichgesetzt. Doch so einfach ist es leider nicht. Treten beispielsweise in einer langjährigen Beziehung Schwierigkeiten auf, so besteht ein hohes Risiko, dass sich der Partner in jemand anderes verlieben könnte. Weil dieser außenstehende Mensch die Wünsche und Bedürfnisse des Verliebten vielleicht besser befriedigt, als es der jetzige Partner kann oder sollte. Singles neigen dazu, das Objekt der Begierde zu idealisieren, und denken zu schnell an Liebe.

Diese besitzt jedoch tiefsinnigere Emotionen als nur sexuelles Verlangen und ein Kribbeln im Bauch. Auch kann der Zustand des Verliebtseins nicht dauerhaft aufrechterhalten werden, die echte Liebe schon. Lediglich, wenn beide Partner in der Beziehung sich voneinander entfernen und ihre Mauern für den anderen wieder einreißen müssen, kann es wieder zu einer Form der Verliebtheit kommen, da sich beide fremd geworden sind und sich wieder neu entdecken müssen.

Übertriebene Selbstlosigkeit

Die perfekte Beziehung besteht aus einem Geben und Nehmen. Beide Partner möchten sich gegenseitig etwas Gutes tun, erwarten allerdings nicht unbedingt eine Gegenleistung dafür. Die Befriedigung der Bedürfnisse beider Partner sollte im Gleichgewicht bleiben, damit sich niemand vernachlässigt fühlt oder die Oberhand gewinnt.

Bei einer gespielten Selbstlosigkeit wird der eine Part sich übertrieben aufopfern und der andere ihn früher oder später benutzen wie einen Gegenstand. Ein verändertes Machtgefüge findet statt und der stärkere Partner sieht sich in einer erhöhten Position. Der aufopfernde Partner wird alles Erdenkliche tun, nur um sein Gegenüber zufriedenzustellen, um eine mögliche Trennung zu verhindern. Dies ist dann sicherlich kein Liebesbeweis mehr, sondern eine falsche Auffassung von einer Partnerschaft. Beide Partner müssen gleichberechtigt sein und sich in ihrer Rolle wohlfühlen.

Falsche Projektion

Sehnt sich eine Person nach bestimmten Lebensumständen oder hat das dringende Bedürfnis nach Zuneigung, kann es schon mal vorkommen, dass eine Falschprojektion stattfindet, die Liebe nur vorgaukelt. Etwa, wenn jetzt jemand in das Leben dieser Person tritt und die gleichen Ansichten und Ziele hat.

Passen dann auch noch die Attraktivität und die Sympathie, stürzt sich diese Person fälschlicherweise in eine Beziehung, die gar nicht von echter Liebe geprägt ist. Liebe braucht Zeit, um zu wachsen, und stellt sich nicht schlagartig ein. Oft ist diese Projektion der eigenen Bedürfnisse dafür verantwortlich, dass viele Menschen zusammen sind und später erst merken, dass sie sich etwas vorgespielt haben. Sie sind dann immer noch nicht glücklich. Tritt dann plötzlich die wahre Liebe in ihr Leben, endet die vorherige Beziehung schlagartig.

Körperliche Abhängigkeit

Sexuelle Anziehungskraft mit Liebe gleichzusetzen, ist ein häufiger Fehler in Beziehungen. Meist besteht neben den körperlichen Aspekten keine geistige Verbindung. Die Partner bleiben nur wegen des guten Gefühls der Körperlichkeit zusammen, teilen aber darüber hinaus keine Gemeinsamkeiten.

Es fehlt an Empathie, tiefsinnigen Gesprächen oder übereinstimmenden Zukunftsvorstellungen. Die Beziehung wird nur anhand sexueller Bedürfnisse aufrechterhalten und beide Partner haben eigentlich wenig füreinander übrig.

Symbiose

Beide Partner fungieren als eine Art Team oder besser gesagt als Firma. Sie sind voneinander abhängig und kommen nicht ohneeinander klar. Diese Personen sind überzeugt davon, ohne den Partner nicht überleben zu können und akzeptieren dabei jegliche Fehltritte des anderen. Sie versuchen, sie regelrecht unter den Teppich zu kehren, und wollen unter keinen Umständen die Beziehung infrage stellen. Die Liebe wird durch Abhängigkeit ersetzt, welche von einer großen Bequemlichkeit und Angst vor dem Alleinsein begleitet wird.

Besessenheit

Dieser Punkt hat absolut nichts mit der Liebe zu tun. **Ist eine Person besessen davon, jemanden zu lieben, wie sie sagt, handelt es sich hier schlichtweg nur um die Angst davor, allein zu sein.** Eine übertriebene Projektion der eigenen Bedürfnisse auf andere und das krampfhafte Erreichen einer Liebesbeziehung sind hier charakteristisch.

Die emotionale Instabilität der Person zeigt sich durch ein rasantes Verhalten in allen Bereichen. Sie wird von Anfang an über Liebe sprechen, sich direkt in eine Beziehung stürzen wollen und gibt dem anderen Partner überhaupt keinen Freiraum oder Mitbestimmungsrecht. Sie übt einen regelrechten Zwang aus, um das zu bekommen, was sie möchte.

Wenn die Liebe nachlässt

Irgendwann kann es in den besten Partnerschaften dazu kommen, dass die Liebe eingerostet ist oder sogar abnimmt. Paare, die schon seit Ewigkeiten zusammen sind, erreichen irgendwann eine Phase, in der die Beziehung kaum noch Überraschungen bereithält. Es wird schnell langweilig und vorhersehbar und nicht jeder Mensch kommt mit diesen Umständen klar. Die Vertrautheit kann teilweise so groß sein, dass noch nicht mal mehr Privatsphäre besteht und der andere Partner wie ein offenes Buch erscheint.

Die Luft ist mit der Zeit raus und viele Paare wünschen sich mehr Spannung oder Abwechslung auf geistiger und auch sexueller Ebene. Häufig kommt es dann zur Untreue oder der andere Partner verliebt sich neu. Schwierig wird es auch, wenn beide Partner andere Vorstellungen im Leben haben und unterschiedliche Ziele verfolgen. Man kommt dann nicht mehr auf einen gemeinsamen Nenner und die Beziehung scheitert unaufhaltsam. Kommt Ihnen dies bekannt vor und möchten Sie auch erfahren, wie Sie und Ihr Partner diese Hürde meistern? In den folgenden Kapiteln gebe ich Ihnen dazu viele wertvolle Ratschläge und Anregungen.

WELCHE GRÜNDE GIBT ES FÜR SCHWINDENDE LIEBE?

Nicht jeder Partner merkt sofort, wenn die Beziehung kriselt. Dies kommt zum einen daher, dass es viele Probleme in der Beziehung gibt, die nur einen Partner betreffen oder die er allein wahrnimmt. Erst durch ein klärendes Gespräch oder schlimmstenfalls einen Streit tritt zutage, wie es um die Partnerschaft bestellt ist.

Doch was sind die Hauptgründe, weshalb sich Paare auseinanderleben und sich dann sogar trennen möchten?

- **Untreue** ist für die meisten Beziehungen der Todesstoß. Kaum ein Partner ist dazu bereit, diesen Fehltritt zu verzeihen, und nur wenige haben die Kraft oder den Mut, komplett von vorn anzufangen. Sie ziehen dann lieber einen Schlussstrich und möchten sich aus der vorhandenen Beziehung möglichst schnell befreien.

- Sind beide Partner **nicht ehrlich zueinander** und bauen Ihre Beziehung auf einem Konstrukt aus Lügen und Verheimlichungen auf, kann dies der Liebe erhebliche Schäden zufügen.

- **Fühlt sich** ein **Partner vernachlässigt** und bekommt nicht mehr die Aufmerksamkeit wie am Anfang der Beziehung, kann es ebenfalls zum Erliegen der Gefühle kommen. Schließlich ist man dem Partner nicht mehr wichtig und hat dann kaum noch einen Grund, mit ebendiesem seine Zeit zu verbringen.

- Besteht der **Alltag** nur noch aus **Streitigkeiten** und gibt es kaum noch Gemeinsamkeiten, wird es schwierig, die Beziehung aufrechtzuerhalten.

- **Routine** kann ein wahrer Liebeskiller sein und die Langeweile in der Beziehung wirkt sich auch auf das Gemüt beider Partner aus. So kann es zu Frustrationen und belanglosen Streitereien kommen, die noch mehr zum Entlieben beitragen.

- **Starke Eifersucht** behindert die Liebe und engt den anderen Partner ein. Dadurch will sich dieser schnellstmöglich lösen und entfernt sich automatisch vom anderen.

- Manchmal ist es auch so, dass sich beide Partner **ohne Grund voneinander entfernen** und sich eine gewisse **Gleichgültigkeit** entwickelt. Dann ist es meist schon zu spät, weil die Gefühle so stark nachgelassen haben, dass diese kaum noch zurückerlangt werden können.

• Auch, wenn dieser Faktor vielen Paaren nicht bewusst ist, **mangelnde sexuelle Spannungen** können in einer Beziehung zu starken Problemen führen. Ist die Lust auf den Partner eingeschränkt, wirkt sich dies auf die Bindung aus und lässt die Intimität schwinden.

WIE SIE DIE LIEBE WIEDER NEU ENTDECKEN

Auch nach langer Zeit ist es möglich, die eigene Beziehung wieder zu beflügeln. Wer denkt, dass der Zauber der Liebe endgültig vorüber sei, der irrt sich gewaltig. Es ist möglich, wieder zueinanderzufinden und wieder das altbekannte Kribbeln im Bauch zu spüren.

Allerdings erfordert dies sehr viel Eigeninitiative und Einfallsreichtum. Auch eine räumliche Trennung für einen kurzen Zeitraum kann hier wahre Wunder wirken und in beiden Partnern die Sehnsucht und Leidenschaft wieder entfachen. Es gibt ein paar grundlegende Dinge, die Sie beachten sollten, wenn Sie sich dafür entscheiden, Ihre Beziehung neu zu definieren.

Etwas Abstand halten

Damit ist nicht gemeint, wochenlang keinen Kontakt zu haben und sich schlussendlich aus den Augen zu verlieren. Nein, es geht hier eher darum, wieder interessant für den Partner zu werden. Schließlich kennen Sie sich in- und auswendig und das kann irgendwann sehr langweilig und fad werden.

Viel besser ist es da, wenn Sie wieder Spannung aufbauen können, und dabei sollten Sie sich zuallererst auf sich selbst konzentrieren. Das bedeutet, weniger Zeit mit dem Partner zu verbringen und sich dafür selbst etwas zu gönnen, beispielsweise einen kleinen Wochenendausflug oder sich tagsüber kleine Ruheinseln zu verschaffen, in denen Sie sich nur um Ihr Wohlbefinden, Ihre anderen sozialen Kontakte und auch um Ihre Interessen kümmern. So bleiben Sie interessant und haben sich gegenseitig viel Neues zu erzählen. Genießen Sie dafür die Zeit mit Ihrem Partner bewusster und kümmern Sie sich auch hier darum, dass Sie nicht nur nebeneinanderher leben, sondern besondere Erfahrungen teilen.

Routinen durchbrechen

Wenn der Alltag die Partnerschaft belastet, wird es Zeit für etwas Abwechslung. Ein kleiner Urlaub oder ein Ausflug, um auf andere Gedanken zu kommen, kann Ihnen als Paar helfen. Auch lernen Sie dadurch neue Eindrücke kennen und können sich nur auf Ihren Partner fokussieren, anstatt nebenbei noch viele Dinge zu erledigen, die im Alltag so anfallen.

Zuhören und Kommunizieren

Wenn es Probleme gibt, müssen Sie stets darüber sprechen, egal, wie schwer es Ihnen auch fällt. Sind Sie ehrlich in der Beziehung, zeigen Sie Ihrem Partner, dass Sie ihn wertschätzen und auf keinen Fall übergehen möchten.

Denken Sie aber auch daran mal, zuzuhören und ihrem Partner die Chance zu geben, sich ebenfalls mit Ihnen auszutauschen. Wer zuhört, erfährt wichtige Details, die in einer Beziehung von großem Wert sein könnten. Die Kommunikation zwischen Ihnen sollte immer auf Augenhöhe stattfinden und niemals diffamierend sein.

Rollenspiele und neue sexuelle Erfahrungen

Sich als Paar wieder neu zu entdecken, kann durch einfache Rollenspiele erlangt werden. Schon kleine Treffen außerhalb der gewohnten Umgebung können spannend sein und wenn Sie sich dann noch eine kleine Geschichte dazu ausdenken, wirkt dies umso aufregender.

Beispielsweise treffen Sie sich mit Ihrem Partner an einem unbekannten Ort und verabreden sich zu einem Date. Dabei tun Sie so, als ob

Sie sich zum ersten Mal treffen, und Sie lernen sich kennen. Auch auf sexueller Ebene gibt es Neues zu entdecken und vielleicht mag Ihr Partner die gleichen Fantasien teilen oder sogar ausprobieren. Dies kann für einen besonderen Aufschwung in Ihrer Beziehung sorgen.

Zeit zu zweit ohne Gespräche

Versuchen Sie doch einmal, mit Ihrem Partner nicht alles auszudiskutieren, sondern legen Sie sich gemeinsam ins Bett und genießen Sie einfach nur die Zeit miteinander. Dabei dürfen Sie sich lange in die Augen schauen, lachen, kuscheln oder auch einfach nur nebeneinanderliegen.

Jedoch sollten Sie nicht bis zum Äußersten gehen und dieses Mal auf die körperliche Vereinigung verzichten, denn genau dann werden Sie merken, wie nah Sie sich eigentlich sein wollen.

Die fünf Sprachen der Liebe

Es gibt in der Paartherapie ein Konzept, welches besagt, dass es fünf Sprachen in der Liebe gibt, die dafür sorgen, dass eine Beziehung wachsen und bestehen kann. Dieses Konzept wurde von dem US-amerikanischen Pastor, Paartherapeuten und Seelsorger Gary Chapman 1992 niedergeschrieben und veröffentlicht. Sein Ratgeber analysiert dabei die Sprachen der Liebe und das Gelingen einer erfolgreichen Partnerschaft. Nach der Erscheinung des Buches fanden seine Erkenntnisse sehr viel Anklang und wurden schnell erfolgreich. Dabei gibt es von Gary Chapman noch viele weitere Bücher und Abhandlungen, die sich auf die Sprache der Liebe in allen Bereichen, wie Gott, Familie, Jugendliche, Krisen usw. beziehen.

Er beschreibt dabei die Sprachen der Liebe als eine Art Fremdsprache beider Partner. Beide Partner kommunizieren auf unterschiedliche Weise und müssen die Sprache des anderen erst verstehen. Sprechen dagegen beide Personen die gleiche Sprache, ist die Kommunikation recht einfach und unkompliziert. Man versteht sich sogar blind. Ist dies nicht der Fall, kann es leicht zu Verständigungsproblemen kommen, ähnlich wie bei richtigen Muttersprachen.

Lernt nur ein Partner die Sprache des anderen, wird es ebenfalls schwierig, da der andere Partner sich irgendwann missverstanden fühlt. Dies ist oft ein Grund für Konflikte, die durch mangelndes Verständnis hervorgerufen werden. Es ist notwendig, dass beide Partner gleichermaßen die Sprache des anderen erlernen, damit die Kommunikation und damit auch die Partnerschaft harmonischer verläuft.

Dies kann gezielt trainiert und auf Dauer durch das Engagement beider Partner verbessert werden. Es erfordert lediglich, dass auch wirklich beide Partner dazu bereit sind und sich vollkommen darauf einlassen, die Sprachen der Liebe zu erlernen.

Stellen Sie sich einmal vor, Sie und Ihr Partner haben schon über einen längeren Zeitraum hinweg Beziehungsprobleme, die sich nicht einfach in Luft auflösen. Haben Sie sich schon einmal darüber Gedanken gemacht, was sich Ihr Partner wünscht und welche Vorstellungen er von dieser Beziehung hat? Was sind Ihre Sehnsüchte und was erwarten Sie von Ihrem Partner? Passiert es oft, dass Sie sich gegenseitig nicht verstehen und Sie sich fragen, was falsch läuft? Sehnen Sie sich nach mehr Nähe, kleinen Gefälligkeiten oder eventuell nach mehr Aufmerksamkeit? Gelingt es Ihnen kaum noch, zueinanderzufinden, und gestaltet sich das Zusammenleben schwieriger als sonst?

Es kann daran liegen, dass Sie und Ihr Partner verschiedene Sprachen in der Liebe sprechen und Sie erst herausfinden müssen, wie Sie wieder zusammenfinden.

Diese Sprachen können sich im Lauf einer Partnerschaft auch verändern und die Prioritäten werden von beiden Partnern neu gesetzt. Es gilt also erst einmal herauszufinden, welche Sprachen Sie sprechen, und danach müssen Sie einen Weg finden, der Sie in der Liebe weiterbringt.

Erwarten Sie jedoch nicht auf Anhieb, dass sich Ihre Beziehung schlagartig verändern wird. Zunächst brauchen Sie Zeit, um Ihren Partner zu verstehen und andersherum genauso. Wenn Sie an dem Punkt angekommen sind, an dem Sie beide besser miteinander kommunizieren können, haben Sie schon einiges geschafft. Das Aufarbeiten einer Beziehung braucht Zeit, Ausdauer und setzt Ehrlichkeit und Einfühlungsvermögen voraus.

Die fünf Sprachen der Liebe sind laut Gary Chapman folgende:

1) Lob und Anerkennung

2) Zweisamkeit

3) Zärtlichkeit

4) Geschenke und kleine Aufmerksamkeiten

5) Hilfsbereitschaft

Jeder Mensch kommuniziert über eine dieser fünf Sprachen und nicht immer stimmt diese mit der des Partners überein. In Beziehungen kann sich das schnell herauskristallisieren, etwa wenn das Paar vollkommen aneinander vorbeiredet oder sich keiner von beiden so richtig wohlfühlt.

Man muss sich das Ganze so vorstellen wie bei den Fremdsprachen: Der Partner A redet Chinesisch und der Partner B Englisch. Hier sind Missverständnisse vorprogrammiert. Die einzige Lösung besteht darin, dass beide Partner die unbekannte Sprache des Partners erlernen, um seine Beweggründe nachvollziehen zu können, ansonsten sind alle Bemühungen, die wir aus vielen Beziehungsratgebern kennen, für die Katz. Was nützen die besten Tipps, wenn man diese nicht richtig anwenden kann und der eigene Partner nichts von alledem versteht?

In den folgenden Kapiteln werden Sie nun an die fünf Sprachen der Liebe herangeführt und Sie erhalten zudem noch wertvolle Hilfestellungen, wie Sie mit Ihrem Partner Ihre Liebe wieder neu beflügeln können. Sie lernen, Ihre Beziehung zu schätzen und sich auf das Wesentliche zu konzentrieren.

Lob und Anerkennung

Eine Person, die diese Sprache der Liebe spricht, legt besonders viel Wert darauf, dass man ihr Aufmerksamkeit schenkt und ihre Taten würdigt. Dabei möchte sie nicht nur oberflächliche Komplimente bekommen, sondern ernst gemeinte Wertschätzung erfahren. Hat sie etwas Besonderes geschafft oder gibt sich außergewöhnlich viel Mühe, sollte dies auch möglichst zeitnah anerkannt werden, sonst fühlt sich diese Person nicht wahrgenommen, geradezu überflüssig.

Aber auch **zwischendurch** sind **Liebesbekundungen und ehrliche Komplimente** für sie wichtig und gehören zu ihrer Vorstellung einer guten Beziehung dazu. Jedoch sollte die Anerkennung auch gut begründet sein. Mit nichtssagenden Phrasen wie „Du bist toll." oder „Gut gemacht." können diese Personen nichts anfangen. Sie brauchen immer ein Warum, damit sie sich bestätigt fühlen. Besser sind da Sätze wie „Du machst mich glücklich, weil du mich zum Lachen bringst.", oder „Ich finde es großartig, wie du dich um die Kinder kümmerst." Das sorgt für ein viel besseres Gefühl und gibt diesen Personen die notwendige Bestätigung.

Im Gegenzug sind diese Personen sehr ehrlich und wenn Sie ein Kompliment vergeben, kommt es aus tiefstem Herzen. Werden diese Personen in einer Beziehung von ihrem Partner nicht gelobt oder erhalten keine liebevolle Zuwendung, fühlen sie sich ungeliebt und stellen die ganze Beziehung infrage. Immerhin erwarten sie gleichwertige Aufmerksamkeit, da sie diese auch zu geben bereit sind. Geraten sie an einen Partner, der sich beispielsweise eher durch seine Hilfsbereitschaft ausdrückt, sehen diese Personen dessen Bemühungen gar nicht. Schließlich ist diese Sprache nicht die ihre und sie beginnen, sich zu fragen, ob der

Partner sie überhaupt noch liebt. Vielleicht haben aber auch Sie Schwierigkeiten, jemanden zu loben und Ihre Anerkennung zu zeigen. Es liegt dann hier an Ihnen, diese Sprache der Liebe zu erlernen und sich mit ihr intensiver zu befassen.

WARUM IST EIN LOB IN DER BEZIEHUNG SO WICHTIG?

Wenn Sie eine Beziehung eingehen, gibt es doch nichts Schöneres, als vom eigenen Partner gelobt zu werden. Das stärkt das eigene Ego und sorgt zudem für Glücksgefühle. Doch was passiert eigentlich mit dem Menschen, wenn er gelobt wird? Und warum sollten viel mehr Paare auf ehrliche Komplimente zurückgreifen? Die Antwort ist klar: Es macht glücklich, stärkt das Selbstbewusstsein und zeigt eindeutig, wie sehr man sich zueinander hingezogen fühlt. Ein Lob wirkt aufbauend, motivierend und hilft dabei, sich als vollwertiger Mensch zu fühlen. Eine Beziehung ohne nette Worte hat auf Dauer auch keinen Bestand.

Unabhängig von der Sprache der Liebe möchte doch jeder Mensch von seinem Partner wissen, wie er zu ihm steht und dass er ihn gern hat bzw. liebt. Der Vorteil hierbei ist auch, dass ein Lob sogar dann funktioniert, wenn beide Partner sich nicht in unmittelbarer Nähe befinden. So kann eine SMS oder ein Anruf ebenfalls ein Lob glaubwürdig transportieren und beim Empfänger für Herzklopfen sorgen. Positive Äußerungen, in welcher Form auch immer, stärken das Verbundenheitsgefühl und haben den Effekt, dass sich beide Partner in der Beziehung angenommen fühlen.

Wird ein Lob zu inflationär benutzt, etwa um den Partner bei Laune zu halten, verliert dies schnell seine Wirkung. Es wirkt unglaubwürdig und unehrlich. Wenn Sie Ihrem Partner gefühlt hundertmal am Tag erzählen, wie gut er denn aussieht, wird er irgendwann daran zweifeln und sich fragen, ob Sie es tatsächlich ernst meinen. Ein sparsamer, aber dennoch gezielter Umgang mit Komplimenten zeigt eine stärkere Wirkung und wird von Ihrem Partner freudiger aufgenommen, als wenn Sie damit übertreiben. Wie bei einer Pflanze kann übermäßiger Dünger zum Verenden führen und bringt die Pflanze nicht zum Gedeihen. So verhält es sich auch mit einem Lob. Weniger ist mehr, aber dafür umso ehrlicher.

Vielleicht haben Sie schon einmal von der **Kommunikationstechnik** gehört, **bei der man den Partner genauso loben soll wie ein Kind**. Es klingt zunächst etwas plump, aber Menschen sind tatsächlich einfacher gestrickt als angenommen. **Ziel** ist es hier, **den Partner so zu bestärken, dass sich dieser völlig beflügelt fühlt und motiviert bleibt, ebenso wie es bei Kindern der Fall ist, wenn diese ein Lob erhalten**. **Das Konzept** ist simpel und **basiert auf wenigen, aber leicht anzuwendenden Punkten.**

- Loben Sie unmittelbar, wenn Ihnen danach ist.
- Seien Sie ehrlich und sprechen Sie positives Verhalten direkt an.
- Loben Sie nur ohne Hintergedanken und verfolgen Sie damit nicht irgendein Ziel, das Ihnen in die Karten spielt.
- Selbstverständlichkeiten sollten nicht extra anerkannt werden.
- Zu wenig Lob kann kontraproduktiv sein.
- Übermäßiges Lob wirkt unglaubwürdig.
- Nehmen Sie die Versuche des Partners wahr und loben Sie auch diese.

Sie sollten auch, wenn Ihr Partner mal eine schwere Phase durchmacht, nachsichtig sein und nicht auf ein Lob verzichten, wenn es denn angebracht ist. Positive Bekräftigungen bauen ihn außerdem wieder auf und zeigen, dass Sie auch in schwierigen Zeiten zueinanderstehen.

SO LERNEN SIE IHREN PARTNER WERTSCHÄTZEN

Fällt es Ihnen schwer, die richtigen Worte zu finden und überhaupt positive Seiten an Ihrem Partner zu finden? Sind Sie sich gar nicht mehr bewusst, was Sie an Ihrem Partner schätzen und umgekehrt zeigt auch Ihr Partner wenig Interesse daran, Sie zu loben?

Sie sind damit nicht allein, denn viele Paare verlieren auf Dauer das Gespür für Dankbarkeit und nehmen alle Bemühungen als ganz selbstverständlich wahr. Frustration macht sich breit und lässt so manch kleine Situation eskalieren, die eigentlich völlig belanglos scheint.

Deshalb ist es wichtig, dass sich beide Partner wertgeschätzt fühlen, damit nicht aus einer Mücke ein Elefant gemacht wird oder Probleme auftreten, die vorher nicht da waren. Eine Beziehung verändert sich stetig und die Positionen der Partner definieren sich dauernd neu, da sich auch Bedürfnisse wandeln können. Doch wo sollen Sie am besten anfangen und wie können Sie überhaupt Wertschätzung vermitteln? Dazu gebe ich Ihnen einige Anregungen und Aufgaben, die Sie perfekt im Alltag anwenden können. Damit Sie sich wieder darüber klar werden, warum Sie sich für Ihren Partner entschieden haben.

Positives am Partner entdecken

Schnappen Sie sich Stift sowie einen Zettel und notieren Sie alle positiven Seiten Ihres Partners. Schreiben Sie jedes noch so kleine Detail auf, was er jemals für Sie getan hat. Blicken Sie auf die besonders schönen Momente zurück, die Sie miteinander teilen durften.

Was gefällt Ihnen an seinem Aussehen? Welche Eigenschaften finden Sie besonders anziehend? Sie erstellen ein Profil Ihres Liebsten und konzentrieren sich dabei auf seine Schokoladenseite. Ganz besonders wird dieses Brainstorming, wenn Sie es zusammen ausüben. Lesen Sie sich dann gemeinsam Ihre Notizen vor und schauen Sie, wie Ihr

Gegenüber reagiert. Sie werden bemerken, wie schön es sein kann, vom Partner Komplimente zu bekommen und seine Reaktionen zu beobachten.

Erinnerungen teilen

Denken Sie zurück an den Anfang Ihrer Beziehung. Wie wäre es, wenn Sie alte Fotoalben herauskramen und mal so richtig in alten Erinnerungen schwelgen? Das löst in Ihrem Partner vielleicht wieder Gefühle aus, die seit Längerem nicht mehr an die Oberfläche kamen. Oder vielleicht sogar bei Ihnen, wenn Sie sich nicht sicher sind, ob Ihre Beziehung noch Sinn ergibt. Es kann Sie wieder näher zusammenbringen, wenn Sie sich beispielsweise an einen traumhaften Urlaub, den ersten Kuss oder auch an Ihre erste Verabredung erinnern.

So können Sie die Gefühle von damals noch mal Revue passieren lassen und wer weiß, vielleicht erleben Sie beide Ihren zweiten Frühling. Auch alte Erinnerungsstücke wie Geschenke können die Verliebtheit wieder heraufbeschwören. Blicken Sie sich um und finden Sie etwas, das Ihnen aus der gemeinsamen Zeit ein Lächeln auf das Gesicht zaubert, und Sie werden sehen, wie wichtig Ihnen Ihr Partner ist.

Ein offenes Ohr haben

Gewöhnen Sie sich an, Ihren Partner zu fragen, wie es ihm geht. Stellen Sie möglichst offene Fragen, damit er Ihnen von seinem Tag erzählen kann. Beispielsweise ein „Was hast du heute so erlebt?“ muss ausführlicher beantwortet werden als ein „Geht es dir gut?“. Hierbei kann Ihr Partner mit Ja oder Nein antworten und schnell abblocken. Noch dazu erweckt dies bei ihm nicht den Eindruck, dass Sie echtes Interesse an seinen Erlebnissen haben.

Nutzen Sie also W-Fragen, das heißt Wie, Wer, Was und Wo. So können Sie sicher sein, einiges über Ihren Partner zu erfahren. Hören Sie auch unbedingt genau zu, was er Ihnen zu sagen hat, und wiederholen Sie hin und wieder Passagen aus seinen Erzählungen. Das suggeriert ihm, dass Sie aufmerksam sind. Überhaupt ist es wichtig, dass Sie oft über Probleme sprechen und die Sorgen des anderen ernst nehmen. Hören Sie zu und lassen Sie Ihren Partner unbedingt ausreden, wenn er Ihnen sein Herz ausschüttet. Sie bringen ihm den nötigen Respekt entgegen und er fühlt sich von Ihnen verstanden. Es ist zudem eine gute Übung, bei Gesprächen darauf zu achten, sich abzuwechseln und dem anderen Partner nicht ins Wort zu fallen, auch wenn es in gewissen Situationen schwerfällt.

Zum Partner stehen

Es gibt für einen Partner nichts Schlimmeres, als dass sich der andere für einen schämt. Natürlich finden Sie mitunter Seiten an Ihrem Partner, die Sie auf keinen Fall gutheißen möchten. Das verlangt auch niemand von Ihnen, jedoch sollten Sie bedingungslos zu ihm stehen und sich darüber klar werden, dass dieser Mensch zu Ihrem Leben dazu gehört.

Wenn Sie ihn aufrichtig lieben, spielen seine Macken überhaupt keine Rolle. Kein Mensch ist perfekt und das sind Sie schließlich auch nicht. Hat Ihr Partner dagegen ein Problem mit Ihren Eigenarten, sollten Sie unbedingt darüber sprechen und sich austauschen. Oft hilft es, wenn Sie das Ganze mit Humor nehmen und liebevoll miteinander umgehen.

Was sind schon ein paar Fehler, wenn Sie mit Ihrem Partner die Welt erobern können? Spiegeln seine negativen Seiten vielleicht Ihre eigenen wider oder gibt es vielleicht ein tief sitzendes Problem und Sie projizieren diese kleinen Nebensächlichkeiten darauf? Seien Sie ehrlich mit sich selbst und nehmen Sie nicht alles so ernst. Schließlich fanden Sie sich anfangs anziehend und haben nicht einen Gedanken an die negativen Seiten Ihres Partners verschwendet. Sicherlich sind einige Dinge erst im Lauf der Beziehung entstanden oder waren nicht sofort sichtbar, doch schlussendlich haben Sie sich in ihn verliebt. Und Sie hatten dazu bestimmt einen sehr guten Grund.

Verlässlichkeit

Wenn Ihr Partner Unterstützung braucht, sollten Sie nicht lange überlegen, sondern handeln. Zeigen Sie ihm, dass er sich auf Sie verlassen kann. Paare, die sich blind vertrauen können, leben harmonischer und stressfreier. Außerdem ist es ein beruhigendes Gefühl, zu wissen, dass auf den Partner in jeder Situation Verlass ist.

Halten Sie daher Absprachen ein und versetzen Sie ihn keinesfalls. Notfalls geben Sie ihm frühzeitig Bescheid oder entschuldigen sich aufrichtig. Sorgen Sie danach unbedingt für eine Entschädigung, sonst denkt er womöglich noch, dass er Ihnen nicht wichtig ist. Oder schlimmer noch, dass Sie besseres zu tun hatten, anstatt ihm zu helfen.

Liebe zeigen und kommunizieren

Drücken Sie ab und an Ihre Liebe aus, indem Sie Ihrem Partner dies auch sagen. Doch Ihre Liebesäußerungen müssen authentisch sein. Einfache Floskeln wirken nur wie daher gesagt und besitzen keinen Mehrwert. Sagen Sie Ihrem Partner, warum Sie ihn lieben, und tun Sie dies in einem ruhigen Moment, keinesfalls nebenher.

Konzentrieren Sie sich unbedingt nur auf ihn und blenden Sie jegliche Ablenkungen aus. Jetzt zählt erst einmal nur Ihr Partner und alles andere kann warten. Überlegen Sie sich, wie Sie im Alltag Ihre Liebe zeigen können. Beispielsweise kleine Liebesbotschaften in der Brotdose oder eine nette Nachricht während des Tages können Ihre Zuneigung ausdrücken. Werden Sie dabei ruhig kreativ, denn das zeugt von besonders viel Interesse und Wertschätzung. Sie machen sich Gedanken und das kommt immer gut an.

Eigeninitiative

Auch wenn Ihr Partner festgefahren scheint, versuchen Sie stattdessen, das Ruder herumzureißen. Kümmern Sie sich aktiv um Ihre Beziehung und geben Sie Ihrem Partner immer wieder neue Anreize, sich an der Beziehung zu beteiligen. Entweder wird er mit Ihnen an einem Strang ziehen oder Sie merken, dass Ihre Partnerschaft doch nicht das ist, was Sie sich erhofft haben. Doch zunächst gilt es, um diese zu kämpfen und alle Möglichkeiten auszuschöpfen. Aufgeben können Sie später immer noch.

Bleiben Sie für ihn interessant, indem Sie sich schick anziehen und gemeinsame Unternehmungen planen. Legen Sie großen Wert auf Gespräche und binden Sie Ihren Partner unbedingt in Ihre Gedankenwelt ein. Beachten Sie seine Bedürfnisse und Wünsche, aber vergessen Sie sich selbst dabei nicht.

Möchten Sie mehr Zeit mit ihm verbringen, kommunizieren Sie dies auch und seien Sie nicht aus heiterem Himmel beleidigt. Brauchen Sie seine körperliche Nähe, verführen Sie ihn und locken Sie ihn so aus der Reserve. Vielleicht sieht Ihr Partner durch Ihr Engagement ein, dass er auch etwas zur Beziehung beitragen muss. Und wenn nicht, haben Sie wenigstens alles versucht und müssen sich keine Vorwürfe machen, denn schließlich waren Sie nicht untätig.

WIE SIE IHREM PARTNER ANERKENNUNG ENTGEGENBRINGEN

Sie haben nun erkannt, weshalb Sie beide zusammengehören, und möchten Ihrem Partner auch zeigen, wie viel er Ihnen bedeutet? Ein wichtiger Schritt zur Verbesserung Ihrer Beziehung ist nun getan und jetzt geht es daran, diese über einen längeren Zeitraum zu festigen. Das bedeutet, dass Sie und Ihr Partner an Ihrer Verbindung arbeiten müssen und gleichermaßen dafür verantwortlich sind, dass Ihr Zusammenleben gelingt.

Verzeihen Sie Fehler

Was auch immer in der Vergangenheit bei Ihnen vorgefallen sein mag: Lassen Sie es hinter sich und blicken Sie nach vorn. Was jetzt zählt, ist das Hier und Jetzt. Reißen Sie keinesfalls alte Wunden auf oder seien Sie nachtragend. Sie könnten sich sonst zu sehr darin verlieren und dann wird es schwer, zu verzeihen.

Geben Sie Ihrem Partner und sich selbst die Chance, neu zu beginnen und die Vergangenheit ruhen zu lassen. Wenn Sie es schaffen zu verzeihen, zeigen Sie nicht nur Größe, sondern schließen auch Frieden mit sich selbst. Sie werden automatisch glücklicher und geben diese Zufriedenheit auch an Ihren Partner weiter. Dieser fühlt sich von Ihnen trotz seiner Fehltritte geliebt und genau das macht wahre Liebe aus. Ebenso sollten Sie auch lernen, sich selbst zu verzeihen, damit Sie sich nicht selbst unnötig im Weg stehen.

Bleiben Sie gelassen

Auch, wenn es Sie noch so sehr nervt, wenn Ihr Partner nicht nach Ihren Vorstellungen agiert, versuchen Sie, entspannt zu bleiben. Sie müssen nicht jeden Fauxpas ansprechen oder ausdiskutieren. Manchmal ist es auch besser, über Dinge hinwegzusehen und sich nicht mit Banalitäten zu beschäftigen. Dann ist Ihr Partner halt chaotischer als Sie oder benimmt sich in gewissen Situationen kindisch. Na und? Üben Sie sich in Gelassenheit und zeigen Sie Ihrem Partner, wie unkompliziert Sie sein können. Das wird ihn beeindrucken und außerdem schonen Sie Ihre Nerven, wenn Sie nicht sofort an die Decke gehen.

Achten Sie auf Körpersprache

Ein entspannter Gesichtsausdruck, ein Lächeln und eine positive Körperhaltung haben Einfluss auf die Kommunikation mit Ihrem Partner. Wenden Sie sich ihm zu und signalisieren Sie ihm, wie viel er Ihnen bedeutet. Das kann zum Beispiel eine spontane Umarmung sein, ein Lächeln oder auch intensiver Blickkontakt. Körpersprache ist ein wichtiges Mittel, um jemandem seine Zuneigung zu zeigen und so eine engere Bindung aufzubauen. Sie merken daran auch, wie es um Ihre Beziehung bestellt ist. Wendet sich Ihr Partner ab oder scheut Ihre Nähe, wird es höchste Zeit, aktiv zu werden. Trainieren Sie Ihre positive Ausstrahlung mithilfe kleiner Übungen und übertragen Sie diese auf Ihren Partner.

Fangen Sie bei sich selbst an und lächeln Sie sich jeden Morgen im Spiegel an. Korrigieren Sie Ihre Körperhaltung und lassen Sie Ihre Schultern nicht hängen. Begegnen Sie Ihrem Partner mit Selbstbewusstsein und er wird Sie aus einem anderen Blickwinkel betrachten. Ihre Gesten sollten das Gesagte sinnvoll unterstreichen, aber keinesfalls abwertend wirken. Halten Sie sich mit respektlosem Verhalten zurück und kontrollieren Sie Ihre Mimik, Gestik und die gesamte Körpersprache.

Respektvoller Umgang

Auch nach Jahren in einer Beziehung sollte man nicht auf Höflichkeit und Respekt verzichten. Bedanken Sie sich, wenn Ihr Partner sich zuvorkommend verhält, und würdigen Sie sein Verhalten dementsprechend. Haben Sie eine Auseinandersetzung, ist es besonders wichtig, sachlich zu bleiben und den anderen nicht herablassend zu behandeln oder noch schlimmer: verbal zu verletzen. Ist es im Eifer des Gefechts dann doch einmal passiert, sollten Sie unbedingt dazu stehen und sich entschuldigen. Auch, wenn Ihr Partner einen anderen Standpunkt vertritt, sollten Sie nicht versuchen, ihn vom Gegenteil zu überzeugen, sondern seine Meinung respektieren. Sie wahren so seine

Grenzen und üben keinen Druck aus. Es ist auch viel produktiver, wenn Sie sich während eines Streits offen und empathisch zeigen, denn mit Kooperationsbereitschaft werden Sie und Ihr Partner schneller eine Lösung finden, als wenn jeder seine Interessen durchboxen möchte.

Akzeptanz

Stärken und Schwächen besitzt jeder Mensch, aber letztendlich werden nur die Stärken anerkannt. Sobald jemand in einer Partnerschaft eine Schwäche zeigt, wird dieser Umstand sofort gegen ihn verwendet. Achten Sie deshalb darauf, die Schwächen Ihres Partners genauso zu akzeptieren wie seine Stärken. Es ist wichtig, dass beide Partner so sein dürfen, wie sie sind, und nicht dem Drang verfallen müssen, sich zu verstellen. Vermeiden Sie jegliche Änderungsversuche und Kritik, die nur dazu dienen, Ihre Vorstellungen zu befriedigen. Akzeptanz in der Beziehung sorgt für eine solide Basis und lässt beiden Partnern die Möglichkeit, die eigene Persönlichkeit zu bewahren.

Sorgen Sie sich um Ihren Partner

Ganz unabhängig von irgendwelchen Erwartungen sind kleine Aufmerksamkeiten oder Bemühungen Balsam für die Seele. Ist Ihr Partner beispielsweise erkrankt, legen Sie Ihren Fokus auf seine Genesung und kümmern Sie sich liebevoll um ihn. Sehen Sie es als selbstverständlich an, sich für seine Belange zu interessieren, denn schließlich erwarten Sie dies auch von ihm. Dazu gehört auch, nachzufragen und ihm zuzuhören, wenn er etwas zu erzählen hat. Zeigen Sie echtes Interesse daran, dass es Ihrem Partner an nichts fehlt. Vergessen Sie sich selbst dabei aber nicht.

Beachten Sie seine Bemühungen

Der beste Weg, Ihrem Partner Anerkennung zu schenken, ist, ihn wahrzunehmen. Besonders dann, wenn er sich besonders um Sie bemüht und Ihnen eine Freude machen möchte. Es gibt nichts Schlimmeres, wenn der ganze Aufwand um eine Person nicht gewürdigt oder sogar komplett ignoriert wird. Dabei fühlt man sich zurückgestoßen und wertlos. Zeigen Sie Ihrem Partner deshalb, wie sehr Sie seine Anwesenheit schätzen. Bedanken Sie sich für Geschenke, seine Hilfe oder wie auch immer er Ihnen seine Zuneigung vermittelt. Er wird sich wahrgenommen fühlen und freut sich ebenfalls darüber, dass Sie seine Art der Liebe anerkennen.

Ermutigen

So wie das Loben ist es auch von großer Bedeutung, den eigenen Partner in seinem Handeln zu ermutigen. Sie stärken ihm den Rücken und bringen ihn dazu, sein volles Potenzial auszuschöpfen. Dabei sollten Sie ihn keinesfalls zu Dingen ermutigen, die für Sie einen bestimmten Zweck erfüllen. Es geht lediglich darum, dass er sich etwas traut, was ihn selbst erfüllen wird.

Ermuntern Sie ihn beispielsweise abzunehmen, kann dies ganz schnell nach hinten losgehen und Ihr Partner fühlt sich unter Druck gesetzt. Eigentlich hatten Sie dabei eine völlig andere Intention, doch bei Ihrem Partner kommt diese in einer anderen Form an. Etwa, dass Sie ihn verändern möchten und nicht so annehmen, wie er ist. Aber genau dies möchten Sie ihm vermitteln, indem Sie ihn dazu bewegen, seine Ziele zu verfolgen. Beachten Sie aus diesem Grund immer seine Vorstellungen und wenn möglich, geben Sie ihm dann einen Ruck, damit er aus seinem Schneckenhaus heraustritt. Hat er dann Erfolg, ist es ein noch schöneres Gefühl, wenn der eigene Partner hinter einem steht und einem Mut zuspricht.

Zweisamkeit

Liebe und Zweisamkeit ist im Leben eines jeden Menschen von großer Bedeutung. Nähe ist dabei äußerst wichtig, damit sich eine gesunde

Beziehung erst festigen kann. Ohne diese Nähe besteht immer ein gewisser Grad an Distanz, der verhindert, dass sich ein Paar wirklich zusammengehörig fühlt. Deshalb möchten Verliebte auch jede Sekunde miteinander verbringen, weil Sie das unbändige Verlangen verspüren, dem anderen nah zu sein. Diese Nähe gibt der Liebe Auftrieb und schweißt Paare auf Dauer zusammen. In einer bestehenden Partnerschaft ist es allerdings eine große Herausforderung, eine perfekte Mischung aus Nähe und Distanz zu schaffen. Beide Partner möchten beieinander sein, aber auch gewisse Freiheiten genießen. Kommt es nach langer Zeit zu einem Ungleichgewicht, gerät die Beziehung aus den Fugen und einer der Partner fühlt sich immer benachteiligt.

Besonders, wenn der Partner die Zweisamkeit als eine der fünf Sprachen der Liebe verwendet, ist sein Bedürfnis nach gemeinsamer Zeit und Aufmerksamkeit erhöht. Er erwartet die volle Zuwendung seines Partners und wird sich schnell überflüssig fühlen, wenn dies nicht der Fall ist. Um diesem Umstand vorzubeugen, sollte darauf geachtet werden, die Zeit zu zweit sinnvoll zu nutzen und nicht zur Selbstverständlichkeit werden. Gemeinsame Rituale, Unternehmungen und Momente der Zweisamkeit sind essenziell für die Partnerschaft, damit das Gefühl der Vertrautheit bestehen bleibt. Mitunter müssen Paare diesen Punkt ständig im Blick behalten, damit sie nicht irgendwann das Risiko des Auseinanderlebens eingehen.

Ein mir bekanntes Pärchen stand irgendwann nach langjähriger Beziehung genau vor dieser Erkenntnis. Es war schon länger her, dass sie sich näherkamen oder überhaupt noch bewusst Zeit miteinander verbrachten. Ständig kam etwas dazwischen oder ihre Lebensumstände ließen es selten zu. Sie war Mutter von mittlerweile zwei Kindern und legte den Fokus natürlich auf das Wohl ihrer Kinder, wobei ihr Mann immer mehr in den Hintergrund rückte. Er arbeitete den ganzen Tag und musste zwischendurch jobbedingt auch außerhalb seine Nächte verbringen. Das Liebesleben bestand nur noch darin, Verpflichtungen nachzugehen und sich darum zu kümmern, das Zusammenleben als Familie zu koordinieren. Doch für romantische Momente war kaum noch Platz. Sie wussten zum Beispiel gar nicht mehr, wann sie das letzte Mal intim miteinander waren, und die letzte Umarmung war auch schon gefühlt eine Ewigkeit her. Das schlug aufs Gemüt der beiden und große Frustration machte sich breit.

Beide hatten Bedürfnisse, die sie nicht beachteten oder befriedigen konnten, weil keine Zeit vorhanden war. Eigentlich hatten sie sich schon so sehr aus den Augen verloren, dass sie gar nicht bemerkten, wie sie immer mehr eine Mauer um sich aufbauten. Erst bei einem Streit veränderte sich alles und beide erkannten, dass es so nicht weitergehen konnte. Sie suchten eine Paarberatung auf und nach mehreren Gesprächen wurde ihnen bewusst, dass sie ein Defizit an Zweisamkeit hatten. Einer der Partner wünschte sich mehr Nähe und dem anderen war dies nicht sonderlich klar gewesen, weil die Kommunikation ins Stocken geraten war. Er zeigte seine Liebe eher durch Hilfsbereitschaft; wenn er zu Hause war, kümmerte er sich um die Kinder und half auch im Haushalt. Sie jedoch wünschte sich mehr freie Zeit als Paar, die sie im Alltag allerdings kaum fanden. Zu selten schafften sie Momente der Liebe und stellten den Partner vorn an. Das rächte sich irgendwann und beide Partner lebten nur noch nebeneinanderher.

Schlussendlich wollten es beide nicht nur wegen der Kinder noch einmal miteinander versuchen und nahmen sich vor, den Partner mehr zu beachten. Die Liebe war nicht vollkommen erloschen, aber irgendwie eingerostet. Durch intensive Zeit zu zweit und liebevolle Zuwendung schafften sie es dann doch noch, wieder zueinanderzufinden. Heute haben sie verstanden, dass es nicht nur darauf ankommt, für den Partner da zu sein und sich in einer Beziehung auszuruhen, egal wie stark sie erscheint, es kommt ebenso darauf an, die verbrachte Zeit zu schätzen und bewusst zu genießen. Nur so bleibt das unsichtbare Band zwischen zwei Liebenden bestehen.

Im Beispiel sieht man sehr gut, dass beide Partner eine unterschiedliche Vorstellung der Beziehung hatten und dabei verschiedene Sprachen der Liebe nutzten. Sie bezog sich eher auf die Zweisamkeit und er auf die Hilfsbereitschaft. Beide erkannten nicht die Bedürfnisse des anderen und es entstand ein Ungleichgewicht, geradezu ein Missverständnis der Liebe.

DESHALB IST ZWEISAMKEIT WICHTIG

Zweisamkeit bedeutet, sich nur auf den Partner zu konzentrieren und alle unwichtigen Dinge auszublenden. Es ist eine der besten Erfahrungen, die man in einer Beziehung bekommen kann, denn wer möchte nicht die Nummer eins sein und vom Partner als wertvoll angesehen werden? Nehmen sich Pärchen genügend Zeit füreinander, fühlen Sie sich verbundener und wertgeschätzt. Sie bilden ein Team und fühlen sich als eine Einheit. Doch nicht nur Zeit zu zweit ist für dieses Gefühl entscheidend, sondern auch das Ausleben gemeinsamer Interessen und die Erfahrungen, die während gemeinsamer Unternehmungen auftreten. Das Bedürfnis der Zweisamkeit ist tief in uns Menschen verankert, da wir das wohlige Gefühl der Zuwendung in die Wiege gelegt bekommen.

Als Baby genießen wir beispielsweise die ungeteilte Aufmerksamkeit unserer Eltern und durch Ihre ständige Präsenz festigt sich das Band der Beziehung. Im weiteren Leben erfahren wir durch Freunde und Partner, wie es sich anfühlt, tiefere Bindungen einzugehen, indem wir mit Ihnen kostbare Lebenszeit verbringen. Es ist daher für jeden Menschen ein großes Privileg, wenn der Partner sich gern auf einen konzentriert und die Umwelt völlig ausblenden kann. Automatisch fühlt man sich glücklich, geliebt und als wichtigster Mensch in seinem Leben. Zufriedenheit stellt sich ein und die Beziehung stabilisiert sich.

Positive Effekte der Zweisamkeit

- Es entsteht ein Gefühl von Sicherheit und Beständigkeit.
- Außerdem werden Glücksgefühle freigesetzt, die wiederum für eine harmonische Beziehung sorgen können.
- Durch den regen Kontakt verbessert sich die Verbindung zum Partner.
- Zweisamkeit macht glücklich und zufrieden, weil man sich nicht einsam fühlt. Die Lebensqualität wird automatisch erhöht und man fühlt sich gut aufgehoben.
- In persönlichen Krisen hilft die Zweisamkeit, wieder auf Kurs zu kommen, und ist Balsam für die Seele.
- Das Bedürfnis nach Nähe, Zuwendung oder auch sexueller Aktivität wird befriedigt und wirkt zudem entspannend.

TIPPS FÜR MEHR ZWEISAMKEIT

In der Praxis ist es oft nicht so leicht, für genügend Zweisamkeit zu sorgen. Man wird schließlich durch Job, Familie oder andere Verpflichtungen eingebunden und möchte seinen Teil so gut wie möglich leisten. Darunter kann jedoch schnell Ihre Beziehung leiden, wenn Sie zu stark in andere Dinge eingebunden sind und keine Zeit mehr für den Partner bleibt. Die Beziehung stockt und scheint festgefahren und dies geschieht häufig schleichend.

Ziel ist es daher, ein Gleichgewicht zu schaffen und auch mit offenen Augen durch die Beziehung zu gehen. Wie können Sie nun im Alltag Zweisamkeit leben und verlieren diese nicht wieder aus dem Blick? Natürlich müssen beide Partner ihren Beitrag dazu leisten und es hilft nichts, wenn sich nur einer auf die Weiterentwicklung der Beziehung konzentriert. Mit den nachfolgenden Tipps schaffen Sie ein erhöhtes Bewusstsein für Ihre gemeinsamen Bedürfnisse in der Partnerschaft.

Probleme eingestehen

Der erste Schritt zu mehr Zweisamkeit ist herauszufinden, wo und in welchen Bereichen diese fehlt. Sprechen Sie mit Ihrem Partner über Ihre jetzige Situation. Welche Wünsche haben Sie beide und wie lassen sich diese realitätsnah erreichen? Möchten Sie mal wieder zusammen etwas Aufregendes erleben oder genügt es Ihnen, einen Abend in der Woche zu haben, an dem Sie nur kuscheln? Das gilt es zunächst herauszufinden. Sammeln Sie Ihre Ideen und besprechen Sie, was Sie davon abhält, Zeit miteinander zu verbringen.

Haben Sie herausgefunden, was Sie ausbremst, können Sie dem entgegenwirken und konkret erarbeiten, wie Ihre Zweisamkeit in Zukunft aussehen soll. Dazu gehört auch, eigene Fehler einzugestehen und nicht nur das Problem beim Partner zu sehen. Sie sind ein Team und das bedeutet auch, Gleichberechtigung und gegenseitigen Respekt zu pflegen. Sie haben schließlich zu der jetzigen Situation genauso einen Beitrag geleistet wie Ihr Partner, deshalb müssen Sie auch beide an Ihrer Zweisamkeit arbeiten.

Bewusst Zeit nehmen

Schaffen Sie kleine Momente und Rituale, die Ihnen helfen, Ihre Beziehung zu stärken. Ein Guten-Morgen-Kuss oder eine Umarmung zum Abschied helfen schon, um die körperliche Verbindung aufrechtzuerhalten. Nehmen Sie sich mindestens einmal am Tag Zeit füreinander. Dabei müssen Sie nicht großartige Aktionen planen, sondern die bloße Anwesenheit und Anteilnahme von Ihnen beiden reicht vollkommen aus. Trinken Sie gemeinsam einen Kaffee und unterhalten Sie sich über Themen, die Sie beschäftigen. Suchen Sie ein Zeitfenster heraus, bei dem Sie beide ausschließlich Zeit füreinander finden. Je mehr, desto besser. Nehmen Sie die Zeit nicht als selbstverständlich wahr und lassen Sie Ihren Partner dies auch wissen.

Gemeinsame Interessen finden

Ein Pärchen, welches kaum Interessen oder Hobbys teilt, wird sich irgendwann voneinander entfernen. Daher ist es besonders wichtig, mindestens eine Aktivität oder eine Leidenschaft zu finden, die Sie beide teilen, und wenn es nur einfache Dinge sind, wie zusammen zu kochen oder Fahrrad zu fahren. Hauptsache, Sie können dieses Hobby zu Ihrem persönlichen Highlight machen. Sie steigern so Ihr Zusammengehörigkeitsgefühl und vor allem macht es Spaß, wenn der Partner die gleiche Begeisterung für ein Thema aufbringen kann, wie Sie es tun. Noch dazu haben Sie immer Gesprächsstoff und können sich über Ihre Interessen austauschen.

Gesunden Freiraum lassen

So paradox es auch klingt, aber zu viel Nähe kann die Beziehung negativ belasten. Es bringt nichts, wenn Sie und Ihr Partner dauernd aufeinander hocken. Hierbei ist das Gleichgewicht von Nähe und Distanz zu erzielen, damit beide Partner noch Luft zum Atmen haben und sich selbst entfalten können. Bestenfalls haben beide nicht nur gemeinsame Hobbys, sondern auch Interessen, die zur Selbstverwirklichung dienen. Das kann wiederum auch sehr interessant werden, da man sich mehr zu erzählen hat und nicht jeden Augenblick miteinander teilt. Es ist also in einer Beziehung wichtig, nicht zu klammern, da sich der Partner sonst eingeengt fühlt und das Weite suchen möchte. Versuchen Sie auch, Ihrem Partner seinen Freiraum zu gönnen, und bestärken Sie ihn auch darin, allein etwas zu unternehmen. Danach können Sie sich auch wieder feste gemeinsame Zeiten reservieren.

Bedürfnisse kommunizieren

Ganz klar gesagt, wenn Sie nicht über Ihre Bedürfnisse sprechen, wird Ihr Partner nicht wissen, was Sie sich von ihm wünschen. Er kann schließlich nicht hellsehen oder erspüren, wie es in Ihnen aussieht. Kommunizieren Sie klar und deutlich, welche Aktivitäten und Erlebnisse Sie mit Ihrem Partner teilen möchten und wann diese stattfinden sollen. Sie wünschen sich einen Besuch zu zweit in einem Restaurant, dann schlagen Sie ihm Ihre Idee vor. Es nützt nichts, wenn Sie ihm hinterher schmachten und er gar nichts von Ihren Sehnsüchten weiß.

Gemeinsame Aktivitäten planen

Überlegen Sie, welche Aktivitäten Sie schon länger nicht mehr zusammen genießen konnten. Planen Sie dann gemeinsam ein schönes Date oder einen Kurztrip, bei dem Sie sich wieder näherkommen können. Und vor allem sollten Sie dabei vollkommen ungestört sein. Wenn Sie Kinder haben, organisieren Sie einen Babysitter, der Ihnen freie Zeit als Paar verschafft.

Für Paare ist es äußerst wichtig, neben dem Alltag auch wieder außergewöhnliche Erlebnisse zu teilen und neue Erinnerungen zu schaffen. Zwar ist ein Familienurlaub auch sehr amüsant, artet jedoch gerade mit Kindern eher als Animationsurlaub aus, anstatt romantische Stimmung zu erzeugen. Denken Sie deshalb an sich als Paar und haben Sie kein schlechtes Gewissen, wenn Sie mal ganz allein mit Ihrem Partner sein möchten. Am besten können Sie dies mithilfe einer Bucket List erreichen. Sie schreiben gemeinsam alle Aktivitäten auf, die Sie schon immer mal machen wollten, und Sie setzen sich einen Zeitraum, bis wann Sie diese Ziele als Paar erreichen wollen.

Werden Sie spontan

Sie finden einfach kaum Zeit für Ihren Partner? Na, wie wäre es denn, wenn Sie sich einfach mal spontan freinehmen oder einen Babysitter für die Kinder organisieren, damit Sie mit Ihrem Partner mal wieder ein Date haben können? Haben Sie gerade eine freie Minute, dann kosten Sie die wertvolle Zeit mit einem gemeinsamen Spaziergang zwischendurch aus. Bleiben Sie am Ball und versuchen Sie, so oft es geht, ein bisschen Zeit im Alltag freizuschaufeln. Verabreden Sie sich auch spontan zum Mittagessen oder für einen kleinen Plausch mit Kaffee in der Küche, dem Café oder im Park. Schnell zeigt sich, wie viel Zeit man sich doch noch für den Partner freihalten kann, wenn man sich darum bemüht.

Ideen für mehr Zweisamkeit

Es gibt eine Vielzahl an Möglichkeiten, um mit Ihrem Partner Zeit zu verbringen und diese auch sinnvoll zu nutzen. Richten Sie sich hier immer nach Ihren und den Interessen Ihres Partners. Wenn Sie ein originelles Date organisiert haben, es aber so gar nicht der Persönlichkeit Ihres Partners oder Ihnen entspricht, werden Sie wenig Freude daran haben. Der Genuss kommt schlichtweg zu kurz und Sie könnten sich beide nachher unwohl fühlen, weil Sie keinen Spaß an der Unternehmung haben.

Beachten Sie immer, welche Art Mensch Ihr Partner ist und richten Sie sich dann nach seinen Vorlieben. Mag er es gern etwas ruhiger, werden Sie ihn mit einem Abenteuer wie Bungee-Jumping kaum begeistern können. Er zieht es dann vor, ohne Adrenalinkick mit Ihnen um die Häuser zu ziehen und will vielleicht nur im Kino neben Ihnen zu sitzen oder Ähnliches. Wenn Sie ein paar Anregungen brauchen, habe ich hier **eine kleine Liste mit möglichen Ideen für mehr Zeit zu zweit** zusammengestellt:

- **Belegen Sie gemeinsam einen Kurs, bei dem Sie neue Dinge lernen können**, beispielsweise einen Kochkurs, Fotokurs oder einen Tanzkurs.
- **Besuchen Sie Museen, Kinos oder Freizeitparks** und machen Sie sich einen schönen, erlebnisreichen Tag.

- **Planen Sie einen Ausflug in die Natur und zelten Sie gemeinsam**, wandern oder fahren Sie mit dem Fahrrad eine besondere Strecke.

- **Fahren Sie einfach spontan los und lassen Sie sich auf unbekannte Orte ein.** Was gibt es dort zu entdecken und welche Restaurants kennen Sie noch nicht? Erkunden Sie mit Ihrem Partner neue mögliche Ausflugsziele und lassen Sie sich einfach treiben.

- Buchen Sie eine **Partnermassage** und lassen Sie sich mal nach Strich und Faden verwöhnen. Danach können Sie sich ebenfalls etwas Gutes tun und sich vielleicht wieder näherkommen.

- Gönnen Sie sich gemeinsam ein **Wellnesswochenende** in einem Spa-Hotel und entspannen Sie sich vom stressigen Alltag.

- Sind Sie beide Adrenalinjunkies, ist vielleicht sogar ein **Abenteuerwochenende** was für Sie, bei dem Sie spannende Dinge erleben, beispielsweise eine Safari, ein Helikopterflug oder eine Klettertour in den Bergen.

- Gehen Sie **zusammen auf** ein **Konzert** oder ein **Festival** und tanzen Sie mal wieder so richtig miteinander.

- Verbringen Sie **einen Tag ganz ohne Social Media und Co**. und kümmern Sie sich nur um Ihren Partner.

- **Kochen Sie daheim** ein 5-Gänge-Menü und verwandeln Sie Ihr Esszimmer in ein Restaurant - ganz romantisch mit Kerzen und besonderen Getränken. Sie können sich dazu auch noch beide richtig herausputzen und sanfte Musik auflegen.

Zärtlichkeit

Körperkontakt sollte in keiner Beziehung fehlen und ist ein wichtiger Baustein der Liebe. Wer bei den fünf Sprachen der Liebe auf Zärtlichkeit zurückgreift, der weiß genau, was damit gemeint ist. Ohne diese Körperlichkeit würde eine Beziehung kaum Tiefe erreichen und sogar nur auf platonischer Basis bestehen. In den ersten Monaten einer Beziehung ist es völlig natürlich, dass beide Partner kaum die Finger voneinander lassen können, weil sie vollkommen süchtig nach der körperlichen Nähe werden. Dabei werden Glückshormone ausgeschüttet, die das Verliebtheitsgefühl noch mehr verstärken.

Diese Glücksgefühle wollen dann möglichst lange aufrechterhalten werden, nehmen aber stetig ab, da sich eine gewisse Routine einstellt. Jetzt zeigt sich wirklich, ob Sie und Ihr Partner harmonieren oder ob Sie nur der Anfangseuphorie verfallen waren. Paare berichten immer wieder, dass die körperliche Nähe im Lauf der Beziehung abnimmt und ganz besonders, dann wenn beide Partner ihren Fokus neu ausrichten. Eine Grundzärtlichkeit sollte dennoch vorhanden sein, wenn die Beziehung langfristig funktionieren soll. Hier kommen wieder die unterschiedlichen Sprachen der Liebe ins Spiel.

Ein Partner, der sich ausschließlich durch körperliche Zuneigung ausdrückt, erwartet natürlich ebenso Liebkosungen oder zumindest, dass seine Aktionen erwidert werden. Ein Kuss, eine vertraute Umarmung, kuscheln oder zärtliches Streicheln sind für diesen Typ Mensch nahezu überlebensnotwendig. Kaum etwas ist so ausdrucksstark und kann Liebe überzeugend weitergeben, als seinen Partner durch Liebkosungen in jeglicher Form zu verwöhnen. Der komplette Beziehungsalltag sollte nach seinen Vorstellungen von intensivem Körperkontakt geprägt sein. Andernfalls fragt er sich, ob der Partner überhaupt noch Interesse besitzt, wenn dieser eher zurückhaltend ist oder sich durch eine andere Sprache der Liebe ausdrückt. Er selbst kann es daher nicht ertragen, wenn diese Körperlichkeit ausbleibt oder sogar abgewiesen wird. Das gleicht für ihn als eine Art Bestrafung oder sogar als Scheitern der Beziehung.

Dabei ist es gar nicht schwer, diese Zärtlichkeiten in einer Beziehung aufrechtzuerhalten. Schon kleine nebensächliche Berührungen können dafür sorgen, dass der Partner sich geliebt und zugehörig fühlt. Wer jetzt denkt, dass sich Zärtlichkeit nur über Sex oder wilde Knutscherei definiert, der irrt gewaltig. Schon das Ergreifen der Hände oder eine Berührung am Arm erhöhen die Vertrautheit enorm. Ebenso sind Kosenamen, ein tiefer Blick in die Augen oder eine veränderte Sprechweise, die sich durch eine liebevolle Sprachmelodie äußert, für den Partner ein Ausdruck von Zärtlichkeit.

DIE MACHT DER BERÜHRUNG

Das Kribbeln auf der Haut und die Gänsehaut bei einer angenehmen Berührung lassen den Körper regelrecht erzittern. Durch intensiven Körperkontakt oder eine zärtliche Berührung können wir Menschen ganz ohne Worte miteinander kommunizieren. Es ist möglich, seine Gefühle auszudrücken und dem anderen durch Zärtlichkeit zu zeigen, wie viel er uns bedeutet. Dazu bedarf es keiner Worte, denn auch durch Berührungen kann die Botschaft, die wir aussenden möchten, optimal transportiert werden. Die Macht, die ein flüchtiger Hautkontakt besitzt, ist vielen Menschen nicht klar, und so sind wir umso überraschter, was das Streicheln unserer Hände, ein kurzes Tätscheln auf dem Rücken oder eine kurze Umarmung in uns auslösen kann.

So kann eine Berührung, wenn sie länger andauert, sogar beruhigen oder einen Menschen positiv umstimmen. Ängste reduzieren sich, das

Stresslevel sinkt und das Vertrauen zur anderen Person kann sich ebenso deutlich erhöhen. Die Hormone Oxytocin und Serotonin werden ausgeschüttet und heben die Laune an, sodass sich der Mensch zufriedener fühlt.

Die Haut ist ein sensibles Sinnesorgan, welches über einen permanenten Tastsinn verfügt, den man nicht einfach ausstellen kann. Die Nase kann man beispielsweise verschließen und Gerüche werden optimal zurückgehalten. Dies ist aber über die Haut gar nicht möglich und so kommen wir tagtäglich mit Berührungen in Kontakt, die für uns eine besondere Rolle spielen können.

Es gibt sogar eine alternativmedizinische Lehre, die sich Haptonomie nennt. Dabei wird erforscht, welche Auswirkungen Berührungen auf das Verhalten und Wohlbefinden der Menschen haben. Studien haben gezeigt, dass Personen, die vorher kurz berührt wurden, eher dazu bereit sind, sich anderen Personen zuzuwenden als diejenigen ohne Berührung. Die Mauer der Distanz wurde so durchbrochen und für einen Bruchteil hat sich eine gewisse Vertrautheit gebildet, die dafür sorgt, dass diese Personen sich schneller öffnen. So kann Körperkontakt ebenso als Manipulation eingesetzt werden und Menschen indirekt beeinflussen. Man sendet bestimmte Signale aus, die beim Gegenüber für einen angenehmen Reiz im Körper sorgen und so Vertrauen signalisieren können.

So negativ dies außerhalb von Liebesbeziehungen auch klingt, ist dieses Vorgehen in der Liebe vollkommen notwendig, denn ohne Körperkontakt und Zuwendung würden wir Menschen verkümmern. Wir brauchen sie wie die Luft zum Atmen und entwickeln uns durch diese körperliche Zuneigung weiter. Dies zeigt sich besonders bei Babys und Kindern. Kinder, die von ihren Eltern wenig Berührungen erfahren, haben später eher mit sozialen und psychischen Problemen zu kämpfen als Kinder, denen viel Liebe durch Zärtlichkeiten geschenkt wurde.

Berührungen stärken also nicht nur unsere Seele, sondern wirken sich auch positiv auf unsere Gesundheit aus.

Die Vorteile der Berührung liegen also auf der Hand und sind für uns Menschen ein fester Bestandteil für ein zufriedenes Leben.

Die Wirkung des Körperkontaktes

- **Eine einzelne Berührung kann sofort beruhigen und hilft dabei, Stress zu reduzieren.** Worte erreichen manchmal nicht die gewünschte Wirkung und so ist es die Berührung, die dazu fähig ist, einen aufgebrachten Menschen wieder völlig zu zähmen.

- **Die Wärme, die bei Körperkontakt entsteht, kann sogar schmerzlindernd sein.** So sind beispielsweise Massagen durch den intensiven Einsatz von Berührungen sehr hilfreich, was körperliche Beschwerden angeht.

- **Die Hilfsbereitschaft steigt bei Menschen stark an, wenn diese vorher mit der hilfsbedürftigen Person in körperlichen Kontakt getreten sind.** Das Phänomen kommt daher, dass die Berührung dem Helfenden Vertrauen suggeriert und dieser dann eher dazu bereit ist zu helfen.

- **Berühren Sie eine Person, wenn Sie anderer Meinung sind, lässt sich diese schneller von Ihrer Sichtweise überzeugen.**

- **Nicht unüblich ist Körperkontakt durch Händeschütteln oder Schulterklopfen in der Verkaufsbranche.** Dadurch lassen sich schneller Verkäufe erzielen als ohne Berührungen.

- **Berührungen können motivierend wirken.** Ein Abklatschen beim Sport oder eine aufbauende Umarmung sind regelrechte Motivationsbooster.

- **Erstaunlicherweise lassen sich durch Körperkontakt Verabredungen und Dates erfolgreicher abwickeln.** Durch die Berührung wird der Gegenüber indirekt beeinflusst und geht schneller auf Flirtversuche ein.

- **Berühren ist ein Mittel zur Kommunikation und kann sämtliche Emotionen zuverlässig transportieren.** Selbst mit verbundenen Augen ist es möglich, den Gemütszustand des anderen an einer einzigen Berührung festzumachen.

- **Körperkontakt macht intelligenter und ist zudem ein Garant für Zufriedenheit.** Ob Sie nun Ihre Katze streicheln oder mit Ihrem Partner kuscheln, sämtliche Berührungen tragen dazu bei, Ihr Gehirn zu stimulieren. Das Risiko an Depressionen zu erkranken, sinkt und Ihr Körpergefühl verbessert sich.

SO KOMMEN SIE SICH IN DER BEZIEHUNG WIEDER NÄHER

Damit die Zärtlichkeit wieder in Ihre Beziehung finden kann, müssen Sie zunächst den Gedanken verwerfen, dass Sie für jede Handlung einen Ausgleich bekommen. Das bedeutet, sämtliche Forderungen an Ihren Partner stellen Sie ein und konzentrieren sich darauf, ihm ohne Hintergedanken Zärtlichkeit zu schenken. Nur so lösen Sie sich von der Vorstellung, immer eine Gegenleistung zu erwarten. Dauerhaft kann es Ihren Partner in Bedrängnis bringen, dauernd abliefern zu müssen, und von selbst wird er dann nicht mehr auf die Idee kommen, seine Zuneigung zu zeigen. Druck abzubauen, ist hier der Schlüssel und jegliche Absichten sollten Sie zurückschrauben.

Besser Ihr Partner kommt von selbst, als dass Sie ihn dauernd auf Zärtlichkeiten hinweisen müssen. Sie können ihn jedoch in die richtige Richtung bewegen und ihm Anreize geben, damit auch er versteht, dass es wichtig ist, sich zwischendurch näherzukommen.

Intuitiv berühren

Keinesfalls sollten Sie krampfhaft versuchen, Ihren Partner mit Zuneigung zu überschütten. Wenn Sie spüren, dass der richtige Moment gekommen ist, lassen Sie sich von Ihren Gefühlen leiten. Es ist aufrichtiger, wenn Sie Ihrem Partner einen Kuss geben, wenn Ihnen auch danach ist und nicht nur, weil es jeder macht. Sie müssen sich nicht an anderen orientieren, sondern gemeinsam Ihren persönlichen Weg finden.

Wenn Sie und Ihr Partner kein Freund von überschwänglichen Zärtlichkeiten sind, ist das auch völlig in Ordnung. Hauptsache, Sie respektieren die Bedürfnisse des anderen und gehen auf seine Annäherungen ein. Es gibt hier keine Vorgabe, wie oft sich ein Pärchen küssen oder umarmen sollte. Das entscheiden Sie ganz allein. Entscheiden Sie nach Ihrer Intuition und bald werden Sie merken, wie zwanglos Zärtlichkeiten sein können.

Kleine Gesten

Es reicht anfangs, wenn Sie sich auf kleinere Gesten beschränken, die den Körperkontakt schrittweise zwischen Ihnen wiederherstellen. So können Sie bei einem Spaziergang nach der Hand Ihres Partners greifen und er wird sich bestimmt über diese Nähe freuen. Abends auf der Couch kann ein zärtliches Kopfstreicheln für einen wohligen Schauer sorgen.

Morgens kann ein kleiner Kuss ausdrücken, wie sehr Sie sich darüber freuen, neben Ihrem Partner aufzuwachen. Das alles nur, wenn Sie es auch selbst wollen. Sie sehen, es braucht gar nicht viel, um im Alltag mehr Zärtlichkeit zu zeigen. Es sind die kleinen Dinge, die zählen und wirklich zeigen, wie viel Ihnen Ihr Partner bedeutet.

Kein Zwang

Setzen Sie sich selbst auch nicht unter Druck und geraten Sie nicht ins Planen, wann Sie welche Körperlichkeit mit Ihrem Partner erleben möchten. Das sollte spontan geschehen und Sie brauchen sich nicht den Kopf darüber zu zerbrechen, ob ein Kuss oder eine Umarmung pro Tag ausreicht. Insbesondere, wenn es um Ihr Sexualleben geht, sollten Sie darauf verzichten, Buch zu führen. Lust ergibt sich von selbst und kann nicht auf Knopfdruck erzeugt werden. Stress und auch andere Gründe können dafür verantwortlich sein, wenn es hier mal zu einer kleinen Flaute kommt. Das ist bei fast allen Paaren so und darf Sie nicht in Panik versetzen.

Schaffen Sie kleine Anreize durch sexy Dessous oder neckische Streicheleinheiten, aber versuchen Sie nicht zwanghaft, Ihren Partner zu überreden, wenn dieser mal keine Lust auf Körperlichkeit hat. Zwang führt bei beiden Seiten eher zu einem Vermeidungsverhalten und Sie selbst sind nachher enttäuscht, wenn Ihre Erwartungen nicht erfüllt wurden. Sehen Sie das Ganze also entspannt und setzen Sie keine zu hohen Maßstäbe. Je lockerer Sie sind, desto besser können Sie sich fallen lassen und Ihr Partner ebenfalls.

Bedürfnisse kommunizieren

In jedem Fall ist es notwendig herauszufinden, wo Ihre Bedürfnisse liegen. Diese müssen Sie unbedingt auch an Ihren Partner weitergeben, denn sonst hat dieser nicht den blassesten Schimmer, wie es um Sie bestellt ist. Fallen die Zärtlichkeiten in letzter Zeit eher mau aus, müssen Sie dies ansprechen und Ihrem Partner vermitteln, wie Sie diese im Alltag ausbauen können. Schweigen hilft Ihnen in dieser Situation nicht weiter und Sie müssen schon aktiv werden, damit Sie von Ihrem Partner auch erhört werden.

Eine gute Übung ist, wenn Sie sich an einem Abend zusammen setzen und dem anderen erzählen, welche Berührungen Sie mögen. Auch sexuelle Berührungen gehören dazu und der Vorteil dabei ist, dass Sie sich vielleicht noch ein bisschen besser kennenlernen. Noch dazu sind

Sie im Nachhinein schlauer und können sich aufeinander einstellen, was den Körperkontakt angeht.

Zärtlichkeit nicht mit Sexualität gleichsetzen

Keinesfalls sollten Sie Zuwendung mit Sexualität verwechseln. Natürlich spielt diese beim Thema Zärtlichkeit auch eine gewisse Rolle, darf aber nicht überbewertet werden. Zu schnell kann das Gefühl aufkommen, ein gewisses Pensum abliefern zu müssen. Und genau darum geht es dabei nicht. Sie sollen schon als Pärchen herausfinden, welche Körperlichkeit Ihnen guttut, und Sie entscheiden selbst, wie viel Sie zulassen möchten.

Ist Ihnen eine Weile nicht nach Sex, sondern geben Sie sich auch mit Streicheleinheiten oder Ähnlichem zufrieden, müssen Sie sich darüber keine nennenswerten Gedanken machen. Es ist normal, dass irgendwann eine Übersättigung stattfindet oder sich Ihre Prioritäten verändern. Die Lust kommt irgendwann von ganz allein.

Ein intimer Tag pro Woche

Legen Sie mindestens einmal pro Woche einen Tag fest, an dem Sie sich besonders nahe sein wollen. Das kann beispielsweise ein Sonntag im Bett sein, an dem Sie ausgiebig kuscheln. Stellen Sie an diesem Tag sicher, dass auch wirklich nichts und niemand Sie dabei stört. Diese Zeit soll ganz Ihnen als Paar gehören und Sie haben dann die Möglichkeit, alles nachzuholen, was an den restlichen Tagen aus welchen Gründen auch immer nicht möglich war. So können Sie sich auch für ein Schäferstündchen verabreden, eine Partnermassage oder wonach auch immer Ihnen der Sinn steht.

Alles ist erlaubt, solange Sie sich beide wohlfühlen und Sie miteinander intime Momente erleben können. Wichtig ist, dass Sie beide wirklich auf Ihre Kosten kommen und nichts an Zärtlichkeiten vermissen. Das Schöne an so einem Tag ist die Vorfreude an allen anderen Tagen und das gibt Ihrer Beziehung auch wieder einen gewissen Reiz.

Kleine Aufmerksamkeiten

Haben auch Sie schon einmal von Ihrem Partner ein Geschenk erhalten, vielleicht zu Weihnachten, zum Geburtstag oder zu einem bestimmten Anlass? Jeder Mensch bekommt in seinem Leben kleine Aufmerksamkeiten und es ist immer wieder ein Glücksspiel, ob der Beschenkte sich auch wirklich so darüber freut, wie man es erwartet. Sicher gab es auch bei Ihnen Geschenke, die Sie weniger gut fanden, und auch welche, die Sie völlig positiv überrascht haben.

Interessant ist auch zu untersuchen, von wem Sie die Geschenke erhalten haben und in welcher Beziehung Sie zu demjenigen standen. Wie war Ihre Reaktion und wie haben Sie das Geschenk empfunden? Ein Geschenk vom Partner wird beispielsweise viel emotionaler bewertet als das von einer guten Freundin. Es kann aber auch ganz anders sein und Sie machen sich gar nichts aus kleinen Präsenten, weil Sie auf einer anderen Ebene beschenkt werden möchten. Dann sprechen Sie sicherlich nicht mit der Sprache der Aufmerksamkeiten, sondern haben ganz andere Vorstellungen, die von den Schenkenden nicht direkt gesehen werden, weil diese Personen ein Geschenk als einen Ausdruck der Liebe empfinden.

Andersherum erwarten Sie von Ihnen, dass Sie genauso agieren und Sie mit einer kleinen Überraschung daher kommen. Überraschungen sorgen dafür, dass wir uns glücklich, geschätzt und geliebt fühlen. Und genau diese Gefühle stellen sich bei den Personen ein, die sich durch Geschenke ausdrücken oder diese erhalten möchten. Unwichtig ist dabei auch der Wert des Geschenks, also was es gekostet hat oder wie schwer es zu bekommen war. Allein die Vorstellung, dass die Person sich Gedanken gemacht hat und Aufwand betrieben hat, ein Geschenk zu organisieren, reichen dem Beschenkten völlig aus, um sich zu freuen.

Geschenke sind daher ein gutes Mittel, um sich zu bedanken, jemanden seine Liebe auszudrücken und Wertschätzung zu zeigen. Der Schenkende hat sich Gedanken gemacht und will uns ein Lächeln auf das Gesicht zaubern. Dabei fungiert das Geschenk als Symbol der Zuneigung und soll dem Beschenkten sagen, „Ich habe an dich gedacht und ich möchte dir zeigen, wie viel du mir bedeutest. “ Eine viel schönere Liebeserklärung kann es nicht geben, denken Sie jetzt. Und doch kann es passieren, dass Geschenke nicht den gewünschten Effekt erzielen, obwohl man sich tagelang, sogar wochenlang den Kopf darüber zerbrochen hat, womit man dem Beschenkten eine Freude machen kann.

Woran liegt es also, dass ein scheinbar perfektes Geschenk nicht die Botschaft überbringt, die damit geplant war? Die Sprache der Liebe ist der Schlüssel zu alledem. Drückt sich Ihr Partner durch eine andere Liebessprache aus und Sie verwenden die Liebessprache der Geschenke, erwarten Sie von ihm kleine Aufmerksamkeiten als Liebesbeweis, er wiederum ist aber durch andere Gefälligkeiten oder Handlungen zufrieden. Missverständnisse sind demnach kaum zu vermeiden.

Er wird ein Geschenk auch ganz anders bewerten, als Sie es tun. Für Sie ist es ein klarer Beweis seiner Liebe, aber für ihn kann ein Geschenk, so liebevoll es auch ausgewählt wurde, nur ein unbedeutender Gegenstand sein. Auch wenn dies etwas schmerzt und Sie nicht verstehen können, weshalb bei Ihrem Partner keine überschwängliche Freude auftreten will, sollten Sie dies nicht überbewerten. Möglicherweise ist seine Sprache der Liebe daran schuld und er will Sie gar nicht vor den Kopf stoßen, sondern weiß nicht so Recht, wie er mit Geschenken umgehen soll.

Noch dazu sei gesagt, dass mit kleinen Aufmerksamkeiten nicht immer materielle Geschenke gemeint sind. So kann man einem Menschen Aufmerksamkeit, Treue, Liebe, Freundschaft und noch vieles mehr schenken, welche letztendlich gar nicht greifbar sind, sondern nur durch

Gefühle und Erlebnisse stattfinden. Deshalb sollten Sie den Fokus hier nicht nur auf käufliche oder gegenständliche Aufmerksamkeiten legen. Ziel ist es, Ihrem Partner Ihre Zuneigung auszudrücken, und das geht auch mit schönen Ideen, die Ihre Beziehung weiterbringen.

WARUM GESCHENKE UNSERE LIEBE AUSDRÜCKEN

Das **Geschenk** kommt **ursprünglich** vom **Begriff „einschenken"** und **bezieht sich auf das Bewirten eines Gastes**. So **soll** es **Fürsorge und Zuwendung signalisieren** und ist gleichermaßen die Übertragung eines Wertes. Das kann ein Gegenstand sein oder auch Vertrauen, Liebe und Aufmerksamkeit. **Ein Geschenk ist nicht immer materiellen Ursprungs, sondern kann auch im übertragenen Sinne einen Dienst oder eine freiwillige Handlung darstellen.**

In unserer Gesellschaft sind Geschenke üblich und gehören einer sehr langen Tradition an. Es ist schon ein wichtiger Brauch, jemanden zum Geburtstag, zur Hochzeit oder zu welchen Anlässen auch immer eine Kleinigkeit zu schenken. Schon damals in den alten Kulturen waren Geschenke wichtig und trugen dazu bei, Beziehungen zu festigen. Unterschiedliche Stämme machten sich beispielsweise Geschenke, um Frieden zu stiften und dem anderen Stamm Achtung zu erweisen.

Auch war es üblich, den Göttern ein Geschenk bzw. eine Opfergabe darzulegen, damit diese gnädig waren und den Menschen unterstützten. Geht man in der Geschichte weiter, so stolpert man immer wieder über Geschenke oder Spenden an Bettler oder ärmeren Menschen. In der Religion ist dieses Thema auch als Nächstenliebe verankert und viele Geschichten handeln von selbstlosem Verhalten der Menschen. Dieses altruistische Handeln, auch als selbstloses Handeln bezeichnet, beschreibt das Überlassen eines Gegenstandes oder Wertes, der dem Gegenüber nutzen oder es unterstützen soll, wobei keine Gegenleistung erwartet oder angestrebt wird.

Ein Geschenk sollte daher uneigennützig sein und beim Beschenkten ein gutes Gefühl hervorrufen. So soll es nicht signalisieren, dass man etwas erwartet oder man dem Beschenkten hilft, einen gewissen Gegenstand zu erwerben. Es geht einzig und allein um die Geste des Schenkens und die damit verbundene Freude des Beschenkten.

Schon früh haben Kinder das Bedürfnis, ihren Eltern ein kleines Geschenk zu machen. Sie möchten ihnen durch ein selbst gemaltes Bild, eine selbst gepflückte Blume oder einer Bastelei zeigen, wie stark ihre Liebe ist. Das rührt die Eltern zutiefst und das Ziel des Kindes ist somit erfüllt. Es fühlt sich auch ein bisschen stolz, weil es seine Eltern glücklich gemacht hat. Andersherum möchten auch die Eltern ihre Kinder mit kleinen Geschenken eine Freude bereiten und erfreuen sich gleichzeitig an den entzückten Gesichtern, wenn die Geschenke ausgepackt werden.

Fakt ist, **das Strahlen eines anderen Menschen, wenn er ein Geschenk bekommt, ist unbezahlbar und macht auch den Schenkenden glücklich**. Die Beziehung dieser beiden Menschen wird intensiviert, weil sich beide in einem Schenkmoment etwas annähern. Ein Präsent ist also eine Möglichkeit, Liebe auszudrücken und steht als greifbares Symbol, das man gern wieder in die Hand nehmen und sich an den Schenkenden zurückerinnern kann.

SO BEWEISEN SIE IHREM PARTNER IHRE LIEBE

Es gibt verschiedene Möglichkeiten, Ihrem Partner zu zeigen, was er Ihnen bedeutet. Geschenke sind eine gute Sache und haben oft den Vorteil, dass man diese nicht schnell vergisst oder sogar noch nach Jahren hervorholen kann. Man hat immer ein tolles Andenken und verbindet gewisse Emotionen mit dem Moment des Schenkens oder dem Geschenk selbst. Wenn Sie noch keine Idee haben, was Sie Ihrem Partner schenken wollen, ist das nicht weiter schlimm, denn es gibt auch die Möglichkeit, anstatt eines materiellen Geschenks auf andere Dinge zurückzugreifen. Grundsätzlich kann alles ein Geschenk sein.

Die fünf Sprachen der Liebe können Sie ebenfalls zu einem Geschenk umwandeln. Ein Lob können Sie in einer Textnachricht verpacken, Zeit zu zweit bei einem Date verbringen oder auch durch Ihre Hilfe Ihrem Partner ein Geschenk machen. Noch dazu können Sie durch eine Massage Zärtlichkeit schenken. Es kommt lediglich darauf an, wie Sie Ihr Geschenk verpacken und präsentieren. Ob es sich hier um einen Gegenstand oder eine Sache handelt, ist dabei vollkommen zweitrangig, der Gedanke und die Absicht dahinter sind mehr wert als alles andere.

Interessen herausfinden

Stellen Sie sich vor, Ihr Partner möchte Sie überraschen und lädt Sie zu einem Wochenende in einer fremden Stadt ein. Sie haben jedoch kein Interesse daran zu reisen und möchten das bekannte Heim nicht verlassen, weil Sie einfach nicht der Typ für spontane Trips sind. Sie wären bestimmt enttäuscht über die Idee Ihres Partners, weil er sich kaum Gedanken gemacht hat und nicht wusste, dass Sie kein leidenschaftlicher Tourist sind. Dabei war seine Überraschung nur gut gemeint, sie kommt aber überhaupt nicht bei Ihnen an.

Besser wäre es gewesen, er hätte sich vorher über Ihre Interessen informiert, dann hätte er vielleicht erfahren, dass Sie Pferde lieben oder sich für eine bestimmte Sportart interessieren. Deshalb, bevor Sie irgendeine Gefälligkeit planen, finden Sie zunächst heraus, wo die Interessen Ihres Partners liegen und was er sich wünscht. Möchte er mit Ihnen eine Veranstaltung besuchen oder reicht es ihm völlig, wenn Sie beide mal wieder einen Filmabend machen und er von Ihnen gekrault wird? Das gilt es, herauszufinden, und dann können Sie sich etwas überlegen, wie Sie ihm eine Freude machen können.

Kreativ werden

Wie schön ist es doch, wenn man ein Geschenk erhält, dass mit ganz viel Liebe hergestellt wurde. Wenn es dann auch noch selbst gemacht ist und persönliche Elemente beinhaltet, trifft dieses Geschenk hundertprozentig ins Herz. Dazu müssen Sie nur kreativ werden und überlegen, was Ihren Partner berühren könnte. Sind es alte Bilder, die tiefe Emotionen wecken, ein Erlebnis aus vergangener Zeit oder auch ein ewiger Wunsch, den er nie verwirklichen konnte?

Zaubern Sie ein individuelles Geschenk, dass nur Ihrem Partner ein unvergessliches Gefühl verschafft, weil es ihn betrifft. Achten Sie darauf, dass das Geschenk emotionalen Wert besitzt und auch Sie Spaß daran haben, denn genau das wird man dann auch sehen. Im Internet gibt es zahlreiche Plattformen, auf denen Sie tolle Ideen finden, um Ihren Partner zu überraschen. Aber auch in diesem Kapitel habe ich eine kleine Übersicht dazu für Sie erstellt.

Weniger ist mehr

Versuchen Sie, Ihren Partner nicht mit Geschenken zu überschütten, das wirkt nicht ernst und meistens überzogen. Besser ist es, weniger Präsente zu machen, dafür aber auf deren Qualität zu achten. Es sollte nicht so aussehen, als ob Sie Ihrem Partner nur etwas schenken, damit er die Füße still hält oder Sie jegliche Konfrontationen mit ihm vermeiden möchten. Gibt es einen besonderen Grund oder Anlass, können Sie ihm eine besondere Freude machen. Entweder kaufen Sie ihm eine Kleinigkeit oder Sie greifen auf selbst gemachte Geschenke zurück. Das ist aber meistens gar nicht nötig, denn auch die kleinen Aufmerksamkeiten können schon eine große Wirkung entfalten und ihm Ihre Wertschätzung ausdrücken.

So kann beispielsweise auch ein kleiner Zettel mit einer Liebesbotschaft und eine Süßigkeit in der Brotdose sein Herz zum Hüpfen bringen. Ein Frühstück im Bett, Zeit für sich selbst oder seine Lieblingsspeise können ebenfalls wie ein kleines Geschenk wirken. Überlegen Sie sich kleine Nettigkeiten, die Ihrem Partner gefallen könnten und wobei ihm ganz warm ums Herz werden wird.

Kleine Aufmerksamkeiten im Alltag

Nicht immer sind Geschenke die beste Wahl. Auch Hilfsbereitschaft, kleine Liebesbeweise oder einfach nur eine Umarmung können Ihrem Partner Geschenk genug sein. Es kommt deshalb immer auf die Person an. Im stressigen Alltag kann ein kleiner Kaffee, den Sie Ihrem Liebsten bereitstellen, eine nette Nachricht per SMS oder das Lachen über seine Witze schon eine bedeutende Geste sein. Versuchen Sie, mindestens einmal am Tag eine kleine Aufmerksamkeit zu integrieren, die Sie als Paar zusammenschweißt. Gehen Sie achtsamer durch den Tag und fragen Sie sich, was Sie Ihrem Partner Gutes tun könnten.

Bringen Sie ihm seine Lieblingsschokolade mit, wenn es ihm schlecht geht, massieren Sie ihm den Nacken oder seien Sie einfach nur da und hören Sie zu, wenn er Ihnen sein Herz ausschütten möchte. Schon die kleinsten Gesten haben die größte Wirkung und Sie müssen Ihre Liebe nicht immer durch materielle Dinge zeigen. Dies ist ein Trugschluss, denn Nähe und Geborgenheit entwickeln sich am besten durch ehrliche und aufrichtige Liebesbeweise, die man mit Geld nicht kaufen kann.

Liebe ausdrücken

Mit Worten können wir Menschen uns mitteilen und manchmal sogar tiefe Emotionen auslösen. Nach Jahren in einer Beziehung wird die Kommunikation jedoch eintönig und kaum spricht man die positiven Seiten des Partners an, weil diese mit der Zeit selbstverständlich werden.

Setzen Sie sich mit Ihrem Partner zusammen und sagen Sie ihm, warum Sie ihn lieben und was Sie an ihm schätzen. Einfach so, ohne von ihm zu verlangen, das Gleiche zu tun. Er wird sichtlich gerührt sein und sich über Ihre Liebeserklärung freuen.

Außerdem sorgt dies dafür, dass er sich wieder anerkannt fühlt und kommt Ihnen automatisch wieder näher. Bestimmt wird er damit auch nicht gerechnet haben, dass Sie ihm so wunderbare Komplimente schenken. Aufrichtige Worte sind leider meistens nur am Anfang der Beziehung relevant. Auf Dauer nimmt dies ab und man gewöhnt sich zunehmend an seinen Partner. Genau deshalb ist es doch umso schöner, seinen Partner wieder zum Lächeln zu bringen und ihm etwas Liebe zu schenken.

Die Schwächen des anderen akzeptieren

Wie wunderbar ein Geschenk oder eine Geste auch sein mag: Diese Dinge können aufrichtige Liebe niemals so sehr ausdrücken, wie die Gewissheit, dass der Partner einen so akzeptiert, wie man ist. Sie können sich noch so tolle Geschenkideen oder Liebesbeweise einfallen lassen, wenn Sie Ihren Partner nicht so nehmen, wie er ist, wird es schwierig, die Liebe aufrechtzuerhalten. Wenn Sie ihm immer das Gefühl geben, dass er sich ändern muss, wird er denken, Sie lieben ihn nur als perfekten Partner.

Versuchen Sie, Frieden mit seinen Macken zu schließen, natürlich nur, wenn diese kaum der Rede wert sind. Sehen Sie liebevoll über seine Schwächen hinweg und sagen Sie ihm dies auch, dass seine Unperfektheit keine Hürde für Ihre Beziehung darstellt. Im Gegenteil, vielleicht kann dies auch eine Bereicherung sein und Sie beide können voneinander lernen. Niemand muss sich für den anderen Partner verstellen und eine Persönlichkeit heranzüchten, die weit entfernt von der eigenen ist. Nehmen Sie seine und Ihre Schwächen mit Humor und schon haben Sie einen sympathischen Weg gefunden, mit diesen umzugehen. Achten Sie nur darauf, dass Sie die Macken des anderen nicht ins Lächerliche ziehen, sonst kann dies schnell nach hinten losgehen.

GESCHENKIDEEN MIT HERZ

Ist Ihr Partner für Geschenke zu begeistern und weiß es zu schätzen, wenn Sie mit vollem Einsatz dabei sind? Liebt er es, von Ihnen überrascht zu werden, und freuen auch Sie sich darüber, wenn er mit einer Kleinigkeit daherkommt, um Sie glücklich zu machen?

Dann habe ich für Sie ein paar Ideen zusammengestellt, wie Sie ihm Ihre Liebe auf besonders schöne und kreative Weise zeigen können. Sie brauchen keine Unsummen an Geld auszugeben, um Ihren Partner Ihre Liebe zu zeigen. Es reichen schon kleine Aufmerksamkeiten aus, damit Ihr Partner schmunzelt. Und auch nicht immer sind große Geschenke angebracht oder notwendig. Denken Sie immer daran: Sie möchten Ihrem Partner ein schönes Gefühl vermitteln und sollten dabei keinen Eigennutz betreiben. Erwarten Sie also auch keine Gegengeschenke oder Gegenleistungen. Richtiges Schenken will daher auch gelernt sein.

Selbst gemachte Geschenke

Möchten Sie doch auf ein richtiges Geschenk zurückgreifen? Wie wäre es, wenn Sie dieses selbst herstellen und auf eine ganz besondere Art und Weise Ihre Liebe ausdrücken? Handgemachte Geschenke kommen meist gut an und besitzen einen viel höheren emotionalen Wert, als wenn Sie im Laden etwas kaufen. Zudem weiß der Beschenkte den Aufwand sehr zu schätzen, besonders dann, wenn Ihr Geschenk viel Zeit und Geschicklichkeit beinhaltet.

Das bedeutet jetzt nicht, dass Sie für Ihren Liebsten einen hoch komplizierten Pulli stricken oder eine mühselige Handarbeit erlernen müssen. Bleiben Sie dabei stets in Ihren Möglichkeiten und übernehmen Sie sich mit Ihrem Geschenk nicht. Besser ist es, Sie stellen etwas Vernünftiges her, dass auch einfach zu bewerkstelligen ist, als ein Teil, dass Sie in den Wahnsinn treibt und bei dem Sie nur noch frustriert sind. Das ist schließlich nicht der Sinn und Zweck des Ganzen.

Der Prozess soll auch Ihnen Spaß machen und gern können Sie sich darin auch selbst verwirklichen. Das wird man dann auch merken und die Freude, die Sie in das besagte Teil hineingesteckt haben, wird Ihr Partner auch spüren. **Anbei finden Sie ein paar Beispiele für selbst gemachte Geschenke, die Ihrem Partner gefallen könnten**. Es kommt auch auf seinen Geschmack und auf Ihre Fähigkeiten an.

- Ein selbst gestaltetes Fotoalbum mit Bildern, die tiefe Emotionen wecken.
- Ein Bilderrahmen mit Fotos oder schönen Erinnerungsstücken
- Eine CD mit seinen Lieblingsliedern
- Ein selbst gedrehtes Video mit schönen Momenten oder Bildern
- Das Lieblingsdessert des Partners zubereiten, z. B. einen Kuchen backen, Pralinen herstellen etc.
- Ein nützliches Werkzeug herstellen, welches für den Partner hilfreich sein kann.
- Selbst gemachte Kosmetika
- Wenn Sie bei Handarbeiten begabt sind, eine Kleinigkeit stricken, häkeln oder nähen.
- Ein selbst gestalteter Gutschein, den Ihr Partner mit Ihnen einlösen darf.
- Selbst gemachter Schmuck. Für Frauen beispielsweise eine Kette und für Männer ein Lederarmband.

- Ein selbst gekochtes Abendessen, das besonders und nicht alltäglich ist.
- Ein selbst verfasster Liebesbrief
- Ein Buch, indem sich alte Textnachrichten oder Fotos sammeln.
- Erinnerungsstücke aus dem Urlaub, die Sie in einem Bilderrahmen arrangieren.

Hilfsbereitschaft

Helfen erzeugt ein wunderbares und erfüllendes Gefühl. Besonders dann, wenn man damit seinen Mitmenschen ein Lächeln aufs Gesicht zaubern kann. In einer Partnerschaft bekommt Hilfsbereitschaft noch einmal eine andere Bedeutung, da sie teilweise vom Partner vorausgesetzt wird. Man wünscht sich die volle Unterstützung und Bereitschaft des Partners und wenn man diese dann auch noch bekommt, fühlt man sich besonders geliebt und geborgen.

Kleine Gefälligkeiten, die den Partner glücklich machen, erfordern zwar Aufwand, Kraft und Zeit, sind aber, wenn die Liebe echt ist, kaum der Rede wert. Man unterstützt den Partner gern und ist bereit, Dinge zu erledigen, die einem unangenehm erscheinen oder etwas kompliziert sein könnten. Trotz dieser Hürden nimmt man jegliche Anstrengungen in Kauf. Man möchte seinen Partner schließlich imponieren, ihm zeigen, wie wichtig seine Ideale und Vorstellungen sind. Man erweist ihm durch diese Hilfsbereitschaft einen Dienst aus freien Stücken und ohne Zwang, weil man selbstlos agiert und dem Partner auf diese Weise seine Liebe schenken kann.

Freiwilligkeit setzt wahre Liebe voraus. Muss der Partner immer wieder Hinweise geben und den anderen zu Taten drängen, kann hier nicht von Liebe die Rede sein. Der ausführende Partner wird nur auf Befehl handeln und sich nicht bewusst für einen Liebesdienst entscheiden. Vielmehr möchte er damit Konflikte vermeiden und die Liebe verringert sich immer mehr. Wünsche in einer Beziehung zu äußern, ist nicht falsch und diese sollten auch ausgesprochen werden. Nur macht hier der Ton die Musik und es spielt eine große Rolle, ob der Partner unter Druck gesetzt oder freundlich um einen Gefallen gebeten wird.

Hilfsbereitschaft in der Partnerschaft sollte bestenfalls ein

Gleichgewicht ergeben, damit sich beide Partner auch gleichgestellt fühlen. Sprechen beide die gleiche Sprache der Liebe, werden sich höchstwahrscheinlich kaum Probleme in dieser Richtung ergeben. Ich möchte Ihnen deshalb zu diesem Kapitel eine **kleine Geschichte über die Sprache der Liebe bezogen auf die Hilfsbereitschaft** erzählen.

Schon länger bemerkte Anna, dass ihr Maik nicht so war wie ihre ehemaligen Partner. Er war humorvoll, spontan und noch dazu sehr unkompliziert, was Gefühle anging. Seine Hilfsbereitschaft war ungebändigt und er unterstützte sie, wo er nur konnte. Es faszinierte Anna, wie sehr er sich ins Zeug legte und ihr bei allen Dingen half. Das kannte sie so von ihren Ex-Partnern nicht und diese waren eher immer darauf aus, ihr Geschenke zu machen, mit denen sie nicht viel anfangen konnte. Sie vermisste es vielmehr, dass ihre Partner nie in der Lage waren, wenn es brenzlig wurde, zu helfen oder ihr zur Seite zu stehen. Alles war einfach immer zu oberflächlich und materiell. Das war bei Maik definitiv anders. Oft dachte sie an den Abend zurück, an dem sie ihn zum ersten Mal begegnete.

Sie hatten sich vor einem Jahr in einer Bar kennengelernt und an diesem Abend hatte sie übermäßig viel getrunken. Zuerst bemerkte sie den gut aussehenden Kerl, der zwei Barhocker entfernt saß, gar nicht. Das lag auch zum Teil daran, dass ihre Freundin Marie sie versetzt hatte und sie den ganzen Abend einen Cocktail nach dem anderen in sich hineinschüttete. Viel zu sehr war sie damit beschäftigt, sich über ihre Freundin zu ärgern, und starrte permanent nur auf ihr Smartphone. Die Nachrichten, die sie mit ihrer Freundin austauschte, gingen nicht in die gewünschte Richtung und schlussendlich sah Marie ihren Fehler nicht ein und meldete sich daraufhin nicht mehr. Das löste in Anna so eine Wut aus, dass sie nur noch mehr Alkohol trank, um ihre Gefühle zu betäuben.

Als es dann Zeit war, nach Hause zu gehen, torkelte Anna zur Toilette und fiel Maik buchstäblich in die Arme. Er lächelte und half ihr, sich wieder aufzurichten. Sein Lächeln war bezaubernd, dachte Anna, doch ihr war nicht nach flirten zumute. Hastig stammelte sie, dass sie nach Hause müsse, aber wüsste nicht mehr, wie sie allein dorthin käme. Sie hatte zu tief ins Glas geblickt und klammerte sich an Maiks Arm, damit sie nicht umfiel. Alles drehte sich und ihr war sehr übel. Maik war so angetan von ihr, dass er ihr anbot, sie nach Hause zu begleiten, damit sie dort auch sicher ankäme. Anna stieß ihn weg und schnauzte ihn an, dass er sich keine Hoffnungen machen sollte und was ihm einfiele, eine fremde Frau nach Hause bringen zu wollen. Doch Maik beteuerte, dass er ihr nur helfen wolle und sie schließlich kaum noch laufen könne. Er nahm ihre Hand und versicherte ihr, dass er es nur gut meine. Anna sah ihm tief in die Augen und ihr Bauchgefühl sagte ihr, dass dieser Mann nichts Schlimmes mit ihr vorhatte, sondern wirklich um sie besorgt war. Und das, obwohl sie sich erst seit ein paar Minuten kannten.

Sie willigte ein und er brachte sie heim. Den ganzen Weg über stützte er sie wie ein Gentleman und trug sogar ihre Handtasche. Das gefiel Anna, doch sie vergaß, ihn nach seiner Nummer zu fragen, weil ihr einfach so schrecklich schwindelig war. Am nächsten Morgen wurde sie in ihrem eigenen Bett wach und auf ihrem Nachttisch stand ein Glas Wasser, vor ihrem Bett ein Eimer, falls sie sich übergeben musste. Sie blickte panisch um sich, doch Maik war nirgends zu sehen, sie hatte also nicht die Nacht mit ihm verbracht und konnte wieder aufatmen. Schemenhaft konnte sie sich nur noch daran erinnern, dass er sie die Treppe hinaufgetragen hatte, weil ihre Beine versagten. Neben dem Glas lag jedoch ein Zettel, auf dem seine Handynummer stand und der Satz: „Ruf mich an, wenn es dir besser geht! Gruß Maik “.

Da war es um Anna geschehen, denn noch nie hatte sich ein Mann so rührend und selbstlos um sie gekümmert, ohne irgendeinen Hintergedanken zu verfolgen. Sie verabredete sich mit ihm, um sich einerseits zu bedanken, aber auch, um ihre Neugier zu befriedigen. Unbedingt musste sie herausfinden, wer dieser Mann war und warum sie ihn nicht aus dem Kopf bekam. Es stellte sich heraus, dass sie sich sehr ähnlich waren und in einer Beziehung die gleichen Erwartungen hatten. Das war für Anna und Maik eine interessante Entdeckung und sie verliebten sich ineinander. Seit einem Jahr sind sie nun glücklich zusammen und noch immer liebt Anna diese eine Seite der Hilfsbereitschaft besonders an ihrem Maik. Es ist so, als ob sie beide die gleiche Sprache sprechen und den anderen auch ohne Worte verstehen können.

Das, was Anna hier beschreibt, zeigt deutlich, wie gut beide durch die Sprache der Liebe miteinander harmonieren. Für beide ist Hilfsbereitschaft ein Mittel, um dem Partner seine Zuneigung zu zeigen, und beide erkennen die Bemühungen des anderen vollständig an. Es gibt kaum Reibungspunkte, weil die Kommunikation der beiden auf einer Ebene stattfindet. Dieses Phänomen haben nicht alle Pärchen und nicht immer finden Paare zusammen, die die gleiche Sprache der Liebe sprechen. Im Fall von Anna und Maik dominiert die Hilfsbereitschaft sehr stark und ist ein Grundpfeiler ihrer Beziehung. Sie haben ein ähnliches Wertesystem und zeigen sich durch gegenseitige Unterstützung ihre Liebe.

Jemandem einen Dienst zu erweisen, ist eine weitere Ausdrucksform der Liebe. Wenn ein Mensch die Liebessprache Hilfsbereitschaft spricht, opfert er sich gern für andere auf und zeigt durch seinen unermüdlichen Einsatz, wie sehr ihm sein Gegenüber am Herzen liegt. Dabei greift er auf physische Handlungen zurück, die seine Zuneigung ausdrücken sollen. Sie können sich sicher sein, dass Sie für diesen Menschen eine enge Bezugsperson sind, denn für jemanden, den er nicht mag, würde er niemals so viel Aufwand betreiben und sogar für ihn wichtige Dinge verstreichen lassen.

Ein Partner, der mit dieser Liebessprache ausgestattet ist, wird Sie in allem unterstützen und seine Liebe weniger durch

Zärtlichkeiten, Anerkennung, Geschenke oder Zweisamkeit zeigen. Viel mehr möchte er Ihnen unter die Arme greifen und sicherstellen, dass er alles in seiner Macht Stehende getan hat, damit Ihnen der Alltag leichter fällt. Er denkt mit und erledigt unaufgefordert Aufgaben im Haushalt, steht sofort bereit, wenn es ein Problem gibt, und wird stets aktiv, wenn Sie ihn um Hilfe bitten. Was eine sehr tolle und löbliche Art ist, kann bei einem Partner, der eine andere Liebessprache spricht, zu wenig Beachtung finden.

Sehr leicht werden seine Bemühungen dann übersehen und nicht angemessen belohnt. Viel mehr werden seine Aktionen als selbstverständlich angesehen oder sogar ausgenutzt. Das kann zu starken Spannungen in der Partnerschaft führen, weil sich der hilfsbereite Partner nicht wertgeschätzt und missverstanden fühlt. Schnell wird er als emotionslos und distanziert dargestellt, doch dabei zeigt er auf seine ganz eigene Weise seine Liebe. Er ist nicht der Typ Partner, der sich mit tiefgründigen Äußerungen oder intensiven Zärtlichkeiten aufhält, sondern er möchte sofort Ergebnisse sehen und dabei ist seine Hilfsbereitschaft sein Geschenk an den Partner.

Das Problem hierbei ist, dass sich seine Hilfe schon durch kleinste Aktivitäten zeigt und dabei schnell untergehen kann. Zeichnet auch Ihr Partner sich durch diese Sprache der Liebe aus, gibt es bestimmt auch einige Dinge, die für Sie mittlerweile selbstverständlich geworden sind. Das ist leider auch normal, denn mit der Zeit geht die Beziehung in eine Routine über. Das ist sehr schade, denn so kommt Ihr Partner zu kurz und es kann der Eindruck entstehen, Sie würden seine Handlungen nicht bemerken. Im Gegenzug wünscht er sich von Ihnen den gleichen Anteil an Hilfe und Anerkennung, den er auch Ihnen entgegenbringt.

WARUM JEDER MENSCHE HILFE BRAUCHT

Hilfe dient dazu, zwischenmenschliche Beziehungen zu verbessern, und noch dazu beseitigt sie Notlagen und akute bedürftige Situationen, die allein kaum zu meistern sind. Irgendwann gelangt jeder Mensch in seinem Leben an einen Punkt, an dem er Hilfe braucht und sich nach einem Retter sehnt, denn nicht immer ist es möglich, alles allein zu schaffen. Als Einzelkämpfer kommt man langsamer ans Ziel und muss darauf vertrauen, dass die eigenen Fähigkeiten ausreichen.

Tun man das allerdings nicht, wird es problematisch und man ist zum Scheitern verurteilt. Das Schema der Hilfsbereitschaft setzt sich immer aus dem gebenden Part und dem nehmenden Part zusammen. Ähnlich wie bei einem Geschenk. Sie fragen um Hilfe und nehmen Sie diese dann in Anspruch. Ihr Partner sichert Ihnen seine Unterstützung zu und gibt Ihnen die notwendige Hilfe. In den fünf Liebessprachen ist die Hilfsbereitschaft die aufwendigste und ehrlichste, denn wer diese Sprache spricht, ist nahezu immer darauf eingestellt, seine Dienste anzubieten und wird selten einen Gefallen ausschlagen.

WIE SIE IHREN PARTNER UNTERSTÜTZEN KÖNNEN

Sie möchten Ihrem Partner mehr Unterstützung zusichern, wissen aber dennoch nicht genau, wie Sie das bewerkstelligen sollen? Dazu brauchen Sie keinen ausgefeilten Plan oder große Aktionen, denn schon kleine Schritte können in Ihrer Beziehung viel verändern. Denken Sie zurück und fragen Sie sich: Welche Rolle haben Sie bis jetzt im Leben Ihres Partners gespielt? Was haben Sie zu der Beziehung beigetragen und wie viel Anteil besitzt Ihr Partner daran? Zeigt sich die Hilfsbereitschaft eher nur einseitig und Sie haben selten bemerkt, wann Ihr Partner Ihre Hilfe benötigt?

Sprechen Sie ihn darauf an und fragen Sie ihn, was Sie konkret ändern können, um ihm bestmöglich unter die Arme zu greifen. Vielleicht haben Sie seine Bedürfnisse nie wirklich verstanden oder er hat sie nie ganz klar geäußert. Ein klärendes Gespräch kann Sie beide wieder auf den richtigen Kurs bringen. Die nachfolgenden Tipps helfen Ihnen dabei, den Fokus auf mehr Achtsamkeit und Hilfsbereitschaft in der Beziehung zu richten.

Den Partner stärken und aufbauen

In schweren Zeiten, Krisen oder anstrengenden Phasen braucht Ihr Partner einen sicheren Hafen, auf den er immer wieder zurückgreifen kann. Er wird Sie mehr denn je brauchen, auch wenn es zunächst nicht den Anschein hat. Möchten Sie die Beziehung zu Ihrem Partner stärken, ist es von großer Bedeutung, dass Sie ihm Ihre volle Aufmerksamkeit schenken. Dazu gehört, ihn bei Niederlagen wiederaufzubauen und ihm Mut zuzusprechen.

Zusätzlich müssen Sie ihm vermitteln, dass Sie, auch wenn Sie seine Meinung nicht teilen, trotzdem hinter ihm stehen. Geben Sie ihm das Gefühl, dass Sie ihm einen Teil der Last von seinen Schultern nehmen und Sie gemeinsam alles schaffen können. Ihr Vertrauensverhältnis wird sich enorm verbessern und Ihr Partner weiß Ihre Hilfsbereitschaft mehr denn je zu schätzen. Ihre stetige Präsenz in guten wie in schlechten Zeiten wird ihm zeigen, wie sehr Sie ihn lieben und respektieren. Sorgen Sie auch immer dafür, dass Sie genügend Abwechslung im Alltag erfahren und brechen Sie aus gewohnten Abläufen aus. Das kann Ihrem Partner und auch Ihnen helfen, sich besser zu entfalten und sich zu entspannen.

Zuhören

Bestimmt denken Sie, dass Hilfsbereitschaft nur mit der Ausübung bestimmter Handlungen zu tun hat. Doch es kann auch eine große Stütze für Ihren Partner sein, wenn Sie ihm einfach nur zuhören. Es ist wahnsinnig befreiend und intim, seinem Partner das Herz auszuschütten, ohne dass dieser einen verurteilt.

Lernen Sie daher, nicht sofort Ihre Meinung kundzutun, sondern fragen Sie im Gespräch mit Ihrem Partner nach und erkundigen Sie sich nach allen Einzelheiten. Wiederholen Sie auch das Gesagte und vergewissern Sie sich, dass Sie auch alles richtig verstanden haben. Es kommt nur darauf an, Ihrem Partner die Möglichkeit zu geben, sich zu öffnen, und daher sollten Sie jegliche negative Äußerung für sich behalten.

Zeigen Sie Verständnis und versuchen Sie, sich in seine Lage zu versetzen. Ihre aufrichtige Anteilnahme wird ihn beeindrucken und dadurch wird er sich mit Ihnen verbunden fühlen. Das Vertrauen zueinander kann sich wiederaufbauen und noch dazu weiß Ihr Partner, dass er mit allen Problemen zu Ihnen kommen kann. Sie helfen ihm dabei, offen und ehrlich über seine Belange zu sprechen, und das sollte auch in Ihrer Beziehung selbstverständlich werden.

Kleine Aufgaben erledigen

Ist Ihnen schon einmal in den Sinn gekommen, kleine Arbeiten, die sonst Ihr Partner erledigt, zu übernehmen? Wenn nicht, wird es höchste Zeit, denn so können Sie ihn zwischendurch optimal unterstützen. Besonders, wenn Ihr Partner viel um die Ohren hat, wird er Ihnen Ihr Engagement hoch anrechnen. Ganz bestimmt werden ihm Helfertätigkeiten auffallen, die Sie sonst gemieden haben.

Beispielsweise könnten Sie ein Augenmerk auf gewisse Kleinigkeiten im Haushalt werfen. Die Spülmaschine ausräumen, den Müll hinaustragen, ausmisten, den Boden wischen oder die Wäsche erledigen. Es gibt doch immer etwas zu tun. Ihr Partner freut sich sicherlich auch, wenn Sie ihm ein paar Aufgaben außerhalb der eigenen vier Wände abnehmen. Etwa den Einkauf erledigen, die Kinder von der Schule abholen, das Auto waschen oder Kleidung aus der Reinigung abholen. Wenn er sieht, wie Sie sich ins Zeug legen, wird er sich von Ihnen garantiert geliebt fühlen.

Wertschätzung zeigen

Regelmäßige Dankbarkeit auszudrücken, will gelernt sein und kann im Alltag schnell untergehen. Zu sehr sind wir mit uns selbst beschäftigt und übersehen leicht, wenn uns jemand die Hand reicht. Ein kleines Dankeschön mit einem Lächeln, eine dankbare Umarmung oder ein kleiner Kuss als Ausdruck der Freude sagen Ihrem Partner „Danke, dass du da bist!" Und gerade diese kleinen Gesten können Ihrem Partner dazu verhelfen, sich vollständig zu fühlen.

Auch, wenn Sie sich nur für Kleinigkeiten bedanken, hat dies einen riesigen Effekt auf das Gemüt Ihres Partners. Er weiß, dass Sie ihn wahrnehmen und schätzen. Und dieses Wissen gibt ihm Kraft und besonders viel Halt in Ihrer gemeinsamen Beziehung. Natürlich heißt das jetzt nicht, sich bei jeder Handlung zu bedanken, aber dennoch ist eine gewisse Anerkennung in gesundem Maße förderlich. Denken Sie dabei doch mal an sich, wie Sie mit einem ehrlichen Danke umgehen und was es in Ihnen auslöst. Ist es nicht wunderbar wertschätzend und hebt Ihre Person auf eine höhere Stufe? Genau dieses Gefühl hilft Ihnen dabei, motiviert zu bleiben und sich weiterhin um andere zu sorgen.

Aufmerksam sein

Wie oft habe ich schon gehört, dass Paare nicht achtsam genug sind und dem Partner nach einer längeren Beziehungsdauer weniger Aufmerksamkeit schenken. Vieles gerät in den Hintergrund und wird schon gar nicht mehr wahrgenommen. Das Lächeln des Partners, sein Duft oder wie er bestimmte Dinge mit Leidenschaft verrichtet.

All diese Umstände werden mit der Zeit selbstverständlich. So ist es leider auch mit den Bedürfnissen des anderen. Sie haben bestimmt schon einmal bemerkt, dass Ihnen Ihr Partner weniger Zuneigung geschenkt hat, obwohl Sie es explizit von ihm gefordert haben. Oder Sie haben seine Bedürfnisse übergangen, weil es Ihnen gerade besser in den Kram gepasst hat und andere Dinge wichtiger erschienen.

Diese Beziehungsblindheit entwickelt sich nach gewisser Zeit und man benötigt deshalb wieder einen Schubs in die richtige Richtung. Wichtig ist dies, weil Sie sonst gar nicht erkennen können, was Ihr Partner braucht oder sich wünscht. Sie haben dann schlichtweg den Blick dafür verloren, wie Sie ihm helfen können, weil Sie seine Befindlichkeiten dauerhaft übersehen haben.

Beobachten Sie ihn beim nächsten Mal doch einmal genauer und überlegen Sie, womit könnten Sie Ihrem Partner jetzt besonders weiterhelfen? Ist er gestresst von der harten Arbeit nach Hause gekommen, mag er vielleicht eine Nackenmassage besonders gern? Oder konnte er den Tag über nicht genügend essen, zaubern Sie ihm doch ein köstliches Abendessen. Lernen Sie, wieder gemeinsam auf sich zu achten und beschäftigen Sie sich nicht nur mit Ihrem Leben, sondern auch mit dem des Partners.

Niederlagen zusammen meistern

Rückschläge stellen Partnerschaften meistens auf eine harte Probe, da es häufig vorkommt, dass Paare sich nicht genügend unterstützen. Oft möchte der Partner dem anderen nicht zur Last fallen und versucht dann, seinen Kummer allein zu bekämpfen. Das bemerkt der andere wiederum zu spät und es kommt zu Konflikten.

Besser ist es, Niederlagen gemeinsam durchzustehen und sich auch darum zu kümmern, dass der Partner gut durch die schwere Zeit kommt. Somit liegt es an Ihnen zu erkennen, wann Ihr Partner Ihre Hilfe benötigt. Nicht immer wird er Ihnen dies klar zu verstehen geben, weil er sich vielleicht für seine Probleme schämt oder der Meinung ist, er könne sie allein lösen.

Lösungen für Probleme finden

Wann immer Sie in Ihrer Beziehung auf Komplikationen stoßen, ist es notwendig, dass sich nicht nur ein Partner Gedanken zur Lösungsfindung macht, denn das wird Ihr Problem nicht beheben, da sich der andere Partner nicht involviert sieht und deshalb keine Motivation zur Änderung mitbringt. Ein Paar zu sein, bedeutet auch, gemeinsam Kompromisse einzugehen und sich eventuelle Lösungsansätze auszudenken. Sie müssen darüber nachdenken, wie Sie es schaffen können Konflikte und Herausforderungen so zu meistern, dass beide Partner zufrieden sind. Dies kann aber nur geschehen, wenn Sie beide klar und deutlich miteinander kommunizieren.

Analysieren Sie Ihre Situation und benennen Sie die Fakten. Wo liegt der momentane Störfaktor in Ihrer Beziehung? Was ist die Ursache? Was behindert Sie beide am Umdenken oder an einer Neustrukturierung? Zu guter Letzt stellt sich die Frage, wie Sie das Problem angehen möchten und welche konkreten Schritte Sie beide bereit sind zu gehen.

Wie können Sie also das Beste aus dem vorhandenen Dilemma herausholen, ohne dass sich einer benachteiligt fühlt? Sehen Sie Ihren Partner auch nicht als Gegenspieler, egal, wie viele Fehler er auch begangen hat. Vorwürfe und Schuldzuweisungen sind nie ein gutes Mittel für produktive Lösungen. Sie sind ein Team und das ändert sich auch in schwierigen Lebenssituationen nicht, das müssen Sie immer im Hinterkopf behalten.

Selbsttest: Welche Sprache der Liebe nutzen Sie?

Nun haben Sie die fünf Sprachen der Liebe ausführlich kennengelernt und konnten sich mit einigen Tipps für eine erfolgreiche Beziehung vertraut machen. Doch eigentlich müssten Sie jetzt nur noch wissen, welche Sprache denn die Ihre ist, damit Sie auch alle Ratschläge klug umsetzen können. Auch ist interessant zu wissen, welche Liebessprache Ihr Partner nutzt, denn so können Sie Missverständnisse viel leichter aus der Welt schaffen. Außerdem lernen Sie zudem noch Ihre und seine Bedürfnisse kennen und können einen ultimativen Plan erschaffen, damit Ihre Beziehung besser funktioniert.

Dazu habe ich Ihnen einen Selbsttest entwickelt, der Ihnen aufzeigt, welche Liebessprache zu Ihrem Repertoire gehört. Der Test ist so gegliedert, dass Sie bei den Fragen einfach die passende Antwort für sich heraussuchen müssen. Ganz zum Schluss gibt es dann die Auflösung und eine kleine Zusammenfassung der besten Tipps für Sie persönlich. Anders als in den Kapiteln geht es jetzt viel mehr um Ihre persönliche Liebessprache und nicht um die Ihres Partners. Mit diesen zusätzlichen Tipps sind Sie bestens ausgerüstet und können die Liebe in Ihrer Beziehung wieder neu aufleben lassen.

Ich wünsche Ihnen nun viel Spaß bei der Durchführung des Selbsttests und dass dieser Ihnen Aufschluss darüber gibt, welche Schritte Sie als Nächstes verfolgen sollten. Dabei kann es auch zu einer Mischung der Sprachen kommen und eventuell nutzen Sie auch zwei Sprachen gleichzeitig. Eine davon wird jedoch immer überwiegen. Sie werden jedoch am Ende bestimmt merken, welche Sprache Sie besser widerspiegelt.

SELBSTTEST

Beantworten Sie die Fragen so wahrheitsgetreu wie möglich und zählen Sie am Ende Ihre Punkte zusammen. Zu jeder Aussage oder Frage gibt es jeweils fünf Antworten, aus denen Sie auswählen müssen. Sie erhalten dann ein Fazit und haben dann die Gewissheit, welche Liebessprache Sie sprechen.

In einer Beziehung ist/sind für mich … am wichtigsten.

1) Kuscheln (2 Punkte)

2) Zeit zu zweit (4 Punkte)

3) kleine Aufmerksamkeiten (1 Punkt)

4) Unterstützung des Partners (3 Punkte)

5) Komplimente (5 Punkte)

Ich zeige meinem Partner, dass ich ihn liebe, indem ich …

1) ihm hin und wieder etwas schenke. (1 Punkt)

2) ihm im Alltag helfe. (3 Punkte)

3) ihn gern umarme oder küsse. (2 Punkte)

4) gern mit ihm ausgehe. (4 Punkte)

5) ihm sage, was mir an ihm gefällt. (5 Punkte)

Ich fühle mich von meinem Partner missverstanden, wenn …

1) er meine Streicheleinheiten nicht erwidert. (2 Punkte)

2) ich nie von ihm Anerkennung bekomme. (5 Punkte)

3) er nicht sieht, was ich alles leiste. (3 Punkte)

4) er sich über meine Geschenke nicht aufrichtig freut. (1 Punkt)

5) wir kaum noch etwas miteinander unternehmen. (4 Punkte)

In einer Freundschaft ist mir besonders wichtig, …

1) dass man sich nie im Stich lässt. (3 Punkte)

2) dass man sich gegenseitig eine Freude macht. (1 Punkt)

3) viele gemeinsame Erfahrungen zu sammeln. (4 Punkte)

4) die Stärken des anderen zu würdigen. (5 Punkte)

5) liebevoll behandelt zu werden. (2 Punkte)

Wenn ich einen Wunsch frei hätte, würde ich mit meinem Partner …

1) in den Traumurlaub fahren. (4 Punkte)

2) einen unserer materiellen Wünsche erfüllen. (1 Punkt)

3) so weitermachen wie bisher. (5 Punkte)

4) gemeinsam etwas Kreatives erschaffen. (3 Punkte)

5) jeden Tag zusammen im Bett verbringen. (2 Punkte)

In einer Partnerschaft möchte ich auf Folgendes nicht verzichten:

1) Intimität (2 Punkte)

2) Komplimente (5 Punkte)

3) Vertrauen (3 Punkte)

4) Liebesbeweise (1 Punkt)

5) Verbundenheit (4 Punkte)

Mein Partner kann mir damit ein Lächeln aufs Gesicht zaubern.

1) Er schenkt mir Karten meiner Lieblingsband. (1 Punkt)

2) Er repariert einen Gegenstand für mich. (3 Punkte)

3) Wenn er mich leidenschaftlich küsst. (2 Punkte)

4) Er sagt ein Treffen mit seinen Freunden ab, nur um bei mir zu sein. (4 Punkte)

5) Er sagt etwas Nettes über mein Aussehen. (5 Punkte)

Als Geburtstagsgeschenk für meinen Partner wähle ich …

1) ein Wellnesswochenende zu zweit (4 Punkte)

2) ein Werkzeug, welches er schon länger ins Auge gefasst hat (3 Punkte)

3) eine teure Uhr (1 Punkt)

4) ein Gutschein für eine Partnermassage (2 Punkte)

5) ein Fotobuch mit Bildern von meinem Partner und handgeschriebenen netten Worten (5 Punkte)

An meinem Partner gefällt mir besonders, dass …

1) er mir bei allem zur Seite steht. (3 Punkte)

2) er sich immer etwas Tolles für mich einfallen lässt. (1 Punkt)

3) er so attraktiv ist. (5 Punkte)

4) ich für ihn die Nummer eins bin. (4 Punkte)

5) er so leidenschaftlich ist. (2 Punkte)

Wenn ich mich selbst in der Beziehung beschreiben müsste, würde ich …

1) mich als besonders harmoniebedürftig und anhänglich bezeichnen. (4 Punkte)

2) mich als perfekten Teampartner sehen. (3 Punkte)

3) mich als zärtlich und liebevoll bezeichnen. (2 Punkte)

4) mich als selbstbewussten und starken Partner bezeichnen. (5 Punkte)

5) mich als achtsamen und dankbaren Partner bezeichnen. (1 Punkt)

AUSWERTUNG

Sie haben nun den Test abgeschlossen und können Ihre Punkte zusammenzählen. Wenn Sie Ihre Liebessprache kennen, ist es einfacher, sich auf Ihren Partner einzulassen und miteinander zu kommunizieren. Welche Liebessprache sprechen Sie und welche Tipps können Sie sofort umsetzen? Dabei hilft Ihnen diese Auswertung.

Typ 1: Lob und Anerkennung (von 41 bis 50 Punkten)
Gehören Sie zu den Menschen, die sich regelrecht bestätigt und beflügelt fühlen, wenn Sie gelobt werden? Ist es für Sie von großer Bedeutung, dass Ihre Bemühungen vollkommen wahrgenommen und auch dementsprechend gewürdigt werden? Dann sind Sie mit der Liebessprache Anerkennung gesegnet. Menschen, die dieser Liebessprache zugehörig sind, legen sehr viel Wert auf Dankbarkeit. Dabei reicht eine kurze Beachtung des betriebenen Aufwands völlig aus und muss nicht im Großen zelebriert werden. Darum geht es diesen Menschen nicht. Sie wollen hauptsächlich, dass Ihre Bemühungen gesehen und auf keinen Fall als selbstverständlich betrachtet werden. Wird ihre Arbeit, ihre Person oder ihr Engagement als Standard eingestuft, als nicht erwähnenswert, fühlen sich diese Menschen vor den Kopf gestoßen und wertlos. So, wie sie anderen Menschen ehrlich ihre höchste Anerkennung zusprechen, möchten auch diese Personen hin und wieder gelobt werden. Kommt es in einer Beziehung zu keinerlei Bestätigung oder mangelt es an Komplimenten, geraten diese Personen ins Grübeln. Schnell entwickeln sich dann Selbstzweifel und der Drang, jegliche Fehler bei sich zu suchen.

Tipps, wenn Sie der Typ Anerkennung sind:

- Seien Sie nicht sofort eingeschnappt, wenn Ihr Partner vergisst, Sie zu loben. Meist sind andere Dinge wie Stress oder Vergesslichkeit der Grund, weshalb der Partner nicht daran denkt, seine Wertschätzung auszudrücken. Oft ist dies gar nicht böse gemeint oder Ihrem Partner gar nicht bewusst. Sprechen Sie ihn beim nächsten Mal behutsam auf das Thema an und verweisen Sie darauf, was Sie sich von ihm wünschen. Bestimmt war es gar nicht seine Absicht und er wird in Zukunft mehr darauf achten, Sie wahrzunehmen.

- Vergessen Sie nicht, sich selbst zu loben. Denn genau das passiert leider sehr häufig. Zu sehr ist man damit beschäftigt, ein Lob von seinen Mitmenschen zu erhaschen, anstatt sich selbst oder seine Handlungen wertzuschätzen. Sie können ruhig auch mal stolz auf sich sein, wenn Sie beispielsweise etwas Besonderes geschafft haben. Oder auch, wenn Sie sich im Spiegel betrachten und feststellen, wie gut Sie aussehen. Keine falsche Bescheidenheit also. Wenn Sie sich selbst anerkennen, wird es auch Ihr Umfeld tun.

- Üben Sie auf Ihren Partner bitte keinen Druck aus. Ein Lob, welches Sie aus ihm herausgepresst haben, hat keinen großartigen Wert und ist auch nicht ehrlich gemeint. Vielmehr versucht er, Sie nur zu beschwichtigen, um größere Anspannungen zu vermeiden. Sie dürfen jedoch auf Ihre Vorzüge hinweisen und ihn darauf aufmerksam machen, was Sie geschafft haben oder was Sie an sich selbst gut finden. Sicherlich wird er Ihnen zustimmen oder sogar noch ein ehrliches Kompliment hinterherschieben.

- Ergreifen Sie selbst die Initiative und loben Sie Ihren Partner. Sie können nicht immer nur erwarten, von ihm ein paar nette Worte zu bekommen, wenn Sie selbst seine Persönlichkeit nicht anerkennen. Da müssen Sie ihm ebenfalls das Gefühl der Wertschätzung vermitteln, indem Sie ihm sagen, was Sie an ihm lieben.

Typ 2: Zweisamkeit (von 33 bis 40 Punkten)
Sie könnten stundenlang mit Ihrem Liebsten Zeit verbringen und hassen es, wenn Sie mal länger voneinander getrennt sind. Haben Sie nicht die Möglichkeit mit Ihrem Partner genügend Qualitytime zu verbringen, dann fühlen Sie sich miserabel, weil Ihnen seine Nähe fehlt und Sie dies kaum ertragen können. Für Sie ist es außerdem wichtig, dass Sie in einer Beziehung viele Unternehmungen und Erlebnisse teilen können, weil Erinnerungen einen großen Stellenwert bei Ihnen einnehmen. Ihr starkes Bedürfnis nach gemeinsamer Zeit ist ein wichtiger Faktor, der Sie der Liebessprache Zweisamkeit zuordnet.

Nichts kann Sie glücklicher stimmen als die Anwesenheit geliebter Personen, denn Sie fühlen sich in Gesellschaft einfach wohl und lieben es, wenn Sie gemeinsam schöne Momente erleben können. Sie wünschen sich in einer Beziehung glückselige Momente und Erlebnisse, auf die Sie zurückschauen können. Doch was Ihnen besonders guttut, ist die Aufmerksamkeit Ihres Partners, wenn er nur für Sie da ist. Sie haben dann das Gefühl, der wichtigste Mensch für ihn zu sein, weil Ihr Partner die Zweisamkeit mit Ihnen schätzt.

Tipps, wenn Sie der Typ Zweisamkeit sind:

- Bedrängen Sie Ihren Partner nicht und zwingen Sie ihn auch nicht, permanent Zeit mit Ihnen zu verbringen. Natürlich möchten Sie sich nahe sein, aber wenn Sie Ihren Partner einengen, erreichen Sie genau das Gegenteil. Die Folge ist, dass er sich eingesperrt fühlt und schlimmstenfalls sogar ganz auf Zweisamkeit verzichten will, weil er seine Freiheit wieder möchte.

- Lässt die Zweisamkeit in Ihrer Beziehung zu wünschen übrig, müssen Sie selbst aktiv werden. Planen Sie einen Tag mit Ihrem Partner ein, an dem nur Sie beisammen sind. Gehen Sie ins Kino, ins Restaurant oder verbringen Sie den Tag am See. Hauptsache, Sie brechen aus dem Alltag aus und kommen sich wieder näher.

• Ebenso kann Oberflächlichkeit in der Beziehung ein Grund dafür sein, dass die Zweisamkeit nachlässt. Versuchen Sie daher nicht, nur Ihr eigenes Ding zu machen, sondern sich auch Ihrem Partner zu öffnen. Wenn Sie sich nur über belanglose Themen austauschen, die kaum Wert in der Beziehung haben, kann sich schnell eine gewisse Distanz entwickeln.

• Zweifeln Sie an Ihren Gefühlen für Ihren Partner, kann dies an mangelnder Zuwendung liegen. Geben Sie Ihren Partner nicht direkt auf, nur weil Sie eine kleine Flaute erleben, sondern suchen Sie seine Nähe, wann immer es nur geht. Irgendwann erkennen Sie, ob Ihre Liebe nur eingeschlafen war oder wirklich am Ende ist.

• Ein großer Beziehungskiller kann die virtuelle Welt sein. Spielt sich ein Großteil Ihres Lebens auf Social-Media-Kanälen ab und verbringen Sie dort zu viel Zeit, kann sich dies auch auf Ihre Partnerschaft auswirken. Also Finger weg vom Smartphone und begeben Sie sich zu Ihrem Liebsten.

• Egal, wie wütend Sie sind, begegnen Sie Ihrem Partner immer respektvoll. Entschuldigen Sie sich für Ihre Fehler und seien Sie auch nicht nachtragend. Dem Partner zu verzeihen, schafft Nähe und Vertrauen und genau dies möchten Sie schließlich auch erreichen. Außerdem ist ein respektvoller Umgang in der Beziehung eine wichtige Basis für die Zweisamkeit. Sie möchten auch keine Zeit mit jemanden verbringen, der Sie immer wieder schlecht behandelt, oder? Deshalb zügeln Sie sich und versuchen Sie, sich in die Lage Ihres Partners zu versetzen.

Typ 3: Zärtlichkeit (von 26 bis 32 Punkten)

Mit jeder Berührung klettert Ihre Laune nach oben. Sie sehnen sich ständig nach Zärtlichkeiten, Liebkosungen oder einfach nur nach Körperkontakt, der Ihnen ein gutes Gefühl verschafft. Sie verspüren großes Glück, wenn Ihr Partner über Ihren Kopf streichelt, Sie küsst, in den Arm nimmt oder einfach nur sanft mit seiner Hand Ihr Gesicht berührt. Durchaus sind Sie ein Mensch, der gern Kontakt über den Körper aufbaut und diesem Kontakt auch eine große Bedeutung beimisst. Für Sie ist es ein Leichtes, nur an einer Berührung festzustellen, was Ihnen ein Mensch mitteilen möchte. Sie gehören somit der Liebessprache Zärtlichkeit an und Sie drücken Ihre Liebe vorwiegend durch körperliche Gesten aus.

Dies geschieht durch Berührungen, Blicke, Lächeln und auch durch liebe Worte. Überhaupt ist ein zärtlicher Umgang für Sie selbstverständlich, damit eine Beziehung überhaupt funktionieren kann. Kommen Sie selbst dabei zu kurz, entwickeln sich bei Ihnen Sehnsüchte, die Sie selbst nicht befriedigen können. So kann auch der Eindruck entstehen, Ihr Partner habe kein Interesse daran, Sie zu berühren oder mit Ihnen intim zu werden. Das führt zur bei Ihnen zu Verunsicherung und Selbstzweifel, die nur Ihr Partner wieder entkräften kann, indem er sich Ihnen zuwendet.

Tipps, wenn Sie der Typ Zärtlichkeit sind:

- Fragen Sie sich, wann Sie überhaupt noch Körperlichkeit oder liebevolle Gesten austauschen? Fällt Ihr Urteil sehr schwach aus, ist es höchste Zeit, dass Sie etwas dagegen unternehmen. Machen Sie den Anfang und kuscheln Sie sich zu Ihrem Partner, wenn er beispielsweise auf der Couch liegt, oder nehmen Sie ihn einfach ohne große Worte in den Arm. Er wird bestimmt nicht abblocken, sondern sich über Ihre Eigeninitiative freuen.

Typ 4: Aufmerksamkeiten (von 10 bis 15 Punkten)

Eine liebe Nachricht, ein kleiner Blumenstrauß oder ein selbst gekochtes Essen von Ihrem Partner lassen Ihr Herz sofort höher schlagen. Immer, wenn Sie ein Geschenk oder eine kleine Nettigkeit erhalten, sind Sie sofort entzückt und freuen sich riesig darüber, dass an Sie gedacht wurde. Es muss noch nicht mal ein großartiges Geschenk sein, sondern einfach eine kleine Geste, die Ihnen zeigt, wie wertvoll Sie für den anderen Menschen sind. Aufmerksamkeit von einem geliebten Menschen zu bekommen, ist für Sie schon ein großes Geschenk, das Sie sehr zu schätzen wissen.

Ebenso sind Sie selbst sehr großzügig und möchten Ihrem Partner möglichst oft eine Freude machen. Sein Gesicht zu sehen und sich über seine Reaktion zu freuen, ist für Sie noch schöner als das Schenken an sich. Überhaupt sind Sie der Meinung, dass Schenken ein wunderbares Mittel ist, um seine Liebe und Zuneigung auszudrücken. Daher greifen Sie immer auf den passenden Wert zurück. Ein Geburtstagsgeschenk muss in Ihren Augen viel pompöser sein als eine kleine Dankesgeste. Sie lieben es, sich über Ihre Mitmenschen Gedanken zu machen und Ihnen geeignete Aufmerksamkeiten zukommen zu lassen. Keine Frage, dass Sie die Liebessprache der Aufmerksamkeit sprechen, denn Sie möchten am liebsten etwas Greifbares haben, welches die Liebe widerspiegelt oder zumindest etwas, woran Sie sich gern erinnern möchten.

Tipps, wenn Sie der Typ Aufmerksamkeiten sind:

- Erwarten Sie von Ihrem Partner nicht immer eine kleine Aufmerksamkeit. Oftmals ist Stress und mangelnde Zeit ein Grund dafür, dass Ihr Partner sich darüber kaum Gedanken machen kann. Vielleicht fehlt ihm nur die Gelegenheit oder er spricht schlichtweg eine ganz andere Liebessprache als Sie. Seien Sie deshalb verständnisvoll, wenn Sie mal keine Blumen bekommen oder der Abschiedskuss kürzer ausfällt als sonst. Haben Sie dennoch ein Problem damit, sollten Sie in jedem Fall mit Ihrem Partner darüber sprechen.

- Sie möchten liebevolle Worte zu hören bekommen? Dann seien Sie damit bei Ihrem Partner ebenso nicht sparsam und sagen Sie ihm, wie sehr

Sie ihn lieben. Sicherlich erwidert er Ihre Liebeserklärung oder wird auch in Zukunft mehr über seine Gefühle sprechen, wenn das Eis erst einmal gebrochen ist.

- Werden Sie selbst kreativ und denken Sie sich ein paar nette Aufmerksamkeiten aus, die Ihrem Partner gefallen könnten. Vielleicht hat auch er dann ein paar Ideen für Sie auf Lager.

Typ 5: Hilfsbereitschaft (von 16 bis 25 Punkten)

Immer, wenn jemand Hilfe braucht, sind Sie sofort zur Stelle. So auch in der Partnerschaft. Sie geben meist 100 Prozent und Ihnen fallen unerledigte Dinge von ganz allein auf. Im Alltag bieten Sie gern Ihre Unterstützung an und sind auch stets bereit, Ihre eigenen Bedürfnisse zurückzustecken, nur damit Sie Ihren Partner glücklich machen können. Ihre Liebessprache ist daher der Hilfsbereitschaft zuzuordnen und besonders auffallend ist dabei Ihre unerschütterliche Motivation, die Sie für Ihre Mitmenschen an den Tag legen. Ist jemand in Not, lassen Sie alles stehen und liegen und begeben sich daran, eine Lösung zu finden, egal, wie beschwerlich und anstrengend diese Aufgabe auch sein mag.

Außerdem haben Sie ein Gespür dafür, wann andere Menschen Ihre Unterstützung benötigen. Meist sind Sie schon zur Stelle, bevor Sie überhaupt um Hilfe gebeten wurden. In einer Partnerschaft ist Ihnen die Hilfsbereitschaft Ihres Partners gleichermaßen wichtig und er sollte Ihnen genauso helfen, wie Sie es tun. Kommt es jedoch hier zu einer ungerechten Verteilung und Ihr Partner nutzt Ihre Großzügigkeit nur aus, fühlen Sie sich ungerecht behandelt. Zu Recht natürlich, denn wenn Sie immer nur geben, ohne etwas zurückzuerhalten, kann Ihnen das auf Dauer schwer zu schaffen machen. Sie haben auch eine altmodische Einstellung, was Höflichkeit angeht, und so achten Sie auch in einer Beziehung auf ein respektvolles Miteinander und fordern dies auch von Ihrem Partner ein.

Tipps, wenn Sie der Typ Hilfsbereitschaft sind:

• Wenn Sie jemandem helfen, ist das schön und gut, aber verlieren Sie sich nicht in Ihrer Hilfsbereitschaft. Lassen Sie sich nicht ausnutzen und ganz besonders in der Partnerschaft sollten Sie hier auf klare Kommunikation setzen. Erwarten Sie von Ihrem Partner mehr Unterstützung, sprechen Sie dies an, so schnell es geht.

• Setzen Sie sich nicht selbst unter Druck, weil Sie Ihren Partner in allem den Rücken stärken wollen. Das kann irgendwann nach hinten losgehen und Sie verlieren sich in Ihrer Selbstlosigkeit. Schnell kann es passieren, dass Sie sich übernehmen und zu wenig an sich selbst denken. Ein bisschen Egoismus schadet auch Ihnen nicht und Sie müssen nicht immer versuchen, jedem Menschen zu helfen. Besser ist es abzuwägen, welche Hilfen und Gesten wirklich Sinn ergeben und welche Sie auch guten Gewissens verrichten können, ohne dass Sie Ihre Bedürfnisse vernachlässigen.

• Fordern auch Sie dann und wann die Unterstützung Ihres Partners ein. Schließlich haben auch Sie einmal Hilfe nötig und nicht für alles ein Patentrezept parat.

• Setzen Sie sich als Ziel, mit Ihrer Hilfsbereitschaft nicht zu übertreiben. Es ist lobenswert, wenn Sie Ihrem Partner eine gute Stütze sind, aber konzentrieren Sie sich mehr auf kleine Handlungen anstatt auf Aktionen, die Sie an Ihre Grenzen bringen.

Übungen: So können Sie Ihre Beziehung verbessern

Eine Beziehung kann nach geraumer Zeit an Reiz verlieren und muss daher gut aufgearbeitet werden. Immer wieder müssen sich beide Partner ins Zeug legen und dürfen sich nicht darauf verlassen, dass die Partnerschaft von allein weiterläuft. Da gehört schon einiges an Selbstmotivation und Achtsamkeit dazu und es ist nicht damit getan, miteinander zu reden, sondern es müssen auch Taten folgen.

Ansonsten kann es äußerst schwer werden, die Liebe wiederzubeleben. Oft ist es leider schon fast zu spät und viele Paare merken erst ganz zum Schluss, was eigentlich schiefgelaufen ist. Doch noch bevor dies geschieht, können Sie beide einer Trennung entgegenwirken und dafür müssen natürlich optimale Ideen und Lösungen her, damit es nicht zu einem Auseinanderleben kommt.

Dazu habe ich Ihnen einige Übungen zusammengestellt, die sich auch auf die Liebessprachen beziehen und Ihnen gute Anreize liefern, wieder Schwung in Ihre Beziehung zu bringen. Sie können diese Übungen in unterschiedlicher Reihenfolge ausprobieren und noch dazu selbst entscheiden, was Sie persönlich in Ihrer Beziehung weiterbringen kann.

Achten Sie dabei auf Ihre und auf die Liebessprache Ihres Partners. Diese Übungen sind besonders passend und sollen Sie in Ihrer Liebessprache bestmöglich unterstützen. Selbstverständlich sind auch die anderen Übungen für Fortschritte in der Beziehung geeignet. Probieren Sie diese einfach aus. Ich hoffe, diese Ideen bringen Sie und Ihren Partner weiter und verhelfen Ihnen wieder zu mehr Liebe und Vertrautheit.

KÖRPERKONTAKT

Die folgenden Übungen sollten Sie bestenfalls in einer ruhigen und privaten Umgebung, wie beispielsweise in den eigenen vier Wänden, anwenden. So sind Sie ungestört und können den Fokus vollkommen auf Ihren Partner richten. Noch dazu werden Sie nicht bei Ihrer Intimität unterbrochen und können sich bei den Übungen einfach fallen lassen.

Zärtlichkeiten

Manchmal ist es gar nicht so leicht, körperliche Zuwendung oder ein liebevolles Miteinander zuzulassen. Mit diesen Übungen können Sie sich ein etwas Zärtlichkeit zurück in Ihre Beziehung holen. Das Augenmerk liegt hier auf dem Wiederaufbau der Intimität und die Zurückgewinnung der Zuneigung.

Übung 1:

Wann immer Ihnen danach ist, können Sie Ihrem Partner den Nacken massieren oder ihn einfach nur umarmen. Streicheln Sie ihn im Vorbeigehen oder nehmen Sie unterwegs einfach seine Hand. Integrieren Sie viele vertraute Berührungen in Ihren Tag und versuchen Sie, möglichst viel Körperkontakt aufzubauen. Geben Sie ihm einen Kuss, wenn Ihnen danach ist, und lassen Sie Ihren Gefühlen freien Lauf.

Übung 2:

Legen Sie sich einen Tag lang mit Ihrem Partner ins Bett und machen Sie nichts anderes, außer miteinander zu kuscheln, sich zu streicheln oder wonach Ihnen der Sinn steht. Gehen Sie zusammen duschen oder baden und wandern Sie danach sofort wieder in die Federn, um sich weiter zu verwöhnen. Lassen Sie sich von niemandem stören und schalten Sie Smartphone, Klingel und alle störenden Geräte aus. Dieser Tag sollte nur Ihnen gehören und dient dazu, wieder eine sinnliche Intimität zwischen Ihnen aufzubauen, denn als Paar ist es auch wichtig, dass die Sexualität nicht zu kurz kommt, und dieser können Sie so wieder neuen Schwung verleihen.

Vertrauen aufbauen

Bei diesen Aufgaben geht es nun darum, Ihre Verbindung zu stärken und Ihr Vertrauen in den anderen wiederzuerlangen. Gerade nach schweren Krisen kann diese Übung Emotionen auslösen, auf die Sie vorher nicht vorbereitet waren. Dabei kommen philosophische und auch tiefgehende Fragen zum Einsatz, die zum Nachdenken anregen sollen und Sie beide wieder Nähe spüren lassen. Ziel ist es dabei, so viel wie möglich über die Gefühlswelt des Partners zu erfahren und eine gewisse Vertrautheit zu schaffen.

Übung 1:

Setzen Sie sich mit Ihrem Partner an einen bequemen Ort und schauen Sie sich zunächst tief in die Augen. Schweigen Sie für mindestens zwei Minuten, aber blicken Sie sich dabei weiter an. Stellen Sie sich dann gegenseitig ein paar Fragen, die Sie ehrlich und aufrichtig beantworten. Ist es für Sie schwer, über Ihre Gefühle zu sprechen, seien Sie ehrlich, und notfalls können Sie Ihre Gedanken auch aufschreiben und Ihr Partner liest dann Ihre Antwort laut vor.

- Was fühlst du gerade, wenn du mich ansiehst?
- Wenn du an unser erstes Treffen zurückdenkst, was blieb dir sehr stark in Erinnerung?
- Bereust du etwas in unserer Beziehung und wenn ja, was würdest du anders machen?
- Welches Verhalten oder Benehmen verurteilst du und weshalb?
- Gab es etwas in deiner Vergangenheit, das dich aus der Bahn geworfen hat, und wenn ja, warum?

- Was wünschst du dir von unserer Beziehung?
- Wenn du nur noch einen Tag zu leben hättest, was wäre dein Herzenswunsch?
- Warum hast du dich in mich verliebt?
- Welche Momente sind für dich die schönsten aus unserer Beziehung?
- Wohin führt unsere Beziehung deiner Meinung nach?

Übung 2:

Dies ist eine klassische Vertrauensübung aus der Paartherapie, die ihre Wirkung bis heute nicht verfehlt hat. Stellen Sie sich mit dem Rücken zugewandt vor Ihren Partner. Schließen Sie die Augen. Ihr Partner muss nun die Arme aufhalten und Sie lassen sich nach hinten fallen. Er muss Sie auffangen und Ihnen Halt geben.

Anfangs erfordert dies wahrscheinlich etwas Überwindung und Mut, da Sie sich blind auf Ihren Partner verlassen müssen. Diese Übung wird Ihnen zeigen, was das Vertrauen in Ihren Partner bewirken kann. Sie fühlen sich im Anschluss danach beschützt und unterstützt.

Tiefe Verbindung schaffen

Übung 1:

Hören Sie gemeinsam Ihre Lieblingslieder. Dabei sind Musikstücke gemeint, mit denen Sie als Paar etwas verbinden. Das kann ein besonderer Song sein, als Sie sich kennengelernt haben, oder vielleicht sogar das Lied zu Ihrem Hochzeitstanz? Ziel ist es, sich dem Partner ein Stück weit zu öffnen und alte Gefühle wieder aufleben zu lassen. Stellen Sie sich dann die folgenden Fragen dazu:

- Was löst die Musik in dir aus?
- Woran erinnert dich dieses Lied?

- Was verbindest du mit diesem Lied in Bezug auf unserer Beziehung?

Vielleicht möchten Sie diesen Song dann noch einmal hören und gemeinsam dazu tanzen? Musik kann alte Erinnerungen wecken und Gefühle wieder an die Oberfläche bringen, die schon länger verborgen waren. Probieren Sie es mal mit Ihrem Partner aus.

Übung 2:

Bei dieser Übung wird es noch einmal spezifischer. Denken Sie beide an Ihre schwersten Momente aus der Beziehung zurück und erzählen Sie sich gegenseitig, wofür Sie heute im Nachhinein dankbar sind.

Was hat Ihr Partner dazu beigetragen? Wobei hat er Sie unterstützt? Welche Geste, ob positiv oder negativ, werden Sie ihm niemals vergessen? Welche Situationen haben Sie in der Beziehung geprägt und wie haben Sie sich dadurch weiterentwickeln können? Auch hier können Sie Ihre Gedanken niederschreiben, wenn es Ihnen nicht leichtfällt, manche Dinge auszusprechen.

WERTSCHÄTZUNG

Zwischendurch muss man sich wieder daran erinnern, was man an seinem Partner schätzt, und dies sollte man ihm dann auch mitteilen. Ebenso ist ein respektvoller Umgang der Schlüssel zu einer harmonischen Beziehung. Ohne Konflikte geht es nicht und es wird immer Momente geben, an denen Sie aneinandergeraten. Aber es kommt genau dann darauf an, wie Sie als Paar miteinander umgehen und ob Sie Ihren Partner trotz seiner Andersartigkeit akzeptieren. Wertschätzung in einer Beziehung bedeutet, den anderen anzunehmen und seine Persönlichkeit vollends wahrzunehmen. Mit diesen Übungen können Sie Ihrem Partner zeigen, welchen Platz er in Ihrem Leben eingenommen hat und welchen Wert er für Sie darstellt.

Respektvoller Umgang

Hierbei sei gesagt, dass sich der Respekt natürlich nicht nur auf diese Übung beschränken soll, sondern er soll möglichst in Ihrem Alltag mit Ihrem Partner verankert sein. Daher sind diese Übungen nur als kleiner Schubs in die richtige Richtung gedacht und sollen Ihnen eine Möglichkeit aufzeigen, wie Sie wieder achtsamer miteinander umgehen können.

Übung 1:

Versetzen Sie sich zurück in die Vergangenheit, als Sie beide sich kennengelernt haben. Was hat Sie damals an Ihrem Partner fasziniert und wo stehen Sie heute? Schreiben Sie beide auf, warum Sie sich in den anderen verliebt haben und was Sie besonders an ihm schätzen.

Suchen Sie nun einen Punkt heraus, für den Sie Ihren Partner wirklich bewundern. Sagen Sie ihm, weshalb Sie ihn lieben und wie dankbar Sie für seine Liebe sind. Tauschen Sie dann beide Zettel und tragen Sie diesen jeden Tag bei sich. Immer, wenn Sie in einen Konflikt geraten, holen Sie die Zettel hervor und Sie lesen sich Ihre Notizen wieder durch. Bestimmt ist der Ärger dann schneller verflogen und Sie können sich viel schneller wieder vertragen.

Übung 2:

Ein Dankbarkeitstagebuch für Paare ist ebenfalls eine nette Idee, dem anderen zu sagen, was man an ihm wertschätzt. Sie schreiben beide jeden Tag eine Sache hinein, die Sie an Ihrem Partner bewundern, lieben oder was er am heutigen Tag für Sie Besonderes getan hat.

Beispielsweise können Sie eintragen, dass er Ihnen bei den Einkäufen geholfen hat, Ihnen durch seinen Humor den Tag versüßt hat oder was auch immer Sie erwähnenswert finden. Das schult zudem Ihren Blick für die kleinen Dinge und Aufmerksamkeiten und lässt Sie erkennen, wie glücklich Sie sich schätzen können, einen so wundervollen Menschen an Ihrer Seite zu haben. Noch dazu können Sie beide immer wieder darin nachlesen, was der andere an Ihnen wertschätzt.

SICH ZEIT NEHMEN

Zeit für den Partner aufzubringen, ist nicht nur eine liebevolle Geste, sondern auch eine Notwendigkeit. Werden gemeinsame Momente und Aktivitäten weniger, schwindet auch die Liebe und kann sich schlimmstenfalls sogar komplett verflüchtigen, weil man sich körperlich wie auch emotional auseinandergelebt hat. Dem können Sie mit den folgenden Übungen perfekt entgegenwirken und sich ganz auf Ihre Zweisamkeit fokussieren.

Gemeinsame Aktivitäten

Es macht nur Spaß, wenn man mit seinem Partner die abenteuerlichsten Dinge erlebt. Zum einen hat man sich später noch viel zu erzählen und zum anderen sorgen diese Erlebnisse für einen starken Zusammenhalt in der Partnerschaft.

Übung 1:

Nehmen Sie sich beide einen Tag frei und planen Sie ein ganz besonderes Ereignis. Gehen Sie zelten, wandern, schwimmen oder verbringen Sie Ihre gemeinsame Zeit bei einem Ausflug. Auch bietet sich ein kleiner Kurzurlaub an, bei dem Sie über das Wochenende zusammen verreisen. Hauptsache ist, dass Sie Abstand von allen Verpflichtungen haben und sich um nichts als Ihren Partner kümmern müssen. Die Erfahrungen, die Sie gemeinsam machen, werden Sie sicherlich wieder zusammenschweißen.

Übung 2:

Versuchen Sie, einmal in der Woche einen Abend oder einen Tag als Pärchen zu verbringen. Gehen Sie ins Kino, verabreden Sie sich zum Dinner, üben Sie ein gemeinsames Hobby aus oder verabreden Sie sich in einem schicken Hotel, wo Sie ganz ungestört sind. Sie können auch nur entspannt einen Abend im Garten mit Cocktails ausklingen lassen oder zusammen im Wald spazieren gehen. Was Sie mit Ihrem Partner machen, ist nicht so wichtig, es kommt nur darauf an, dass Sie beide Zeit miteinander verbringen und etwas Neues erleben.

LIEBE AUSDRÜCKEN

Auf unterschiedliche Weisen können Sie Ihrem Partner Ihre Liebe aufzeigen. Etwa mit einem Geschenk, einer netten Geste oder aber auch durch Körperlichkeit und Zuwendungen. Lediglich Sie entscheiden, was Ihnen am ehesten zusagt und mit welcher Methode Sie sich am wohlsten fühlen. Beachten müssen Sie lediglich, dass Ihre Botschaft auch genauso aufgenommen wird, wie Sie diese übermitteln möchten. Ihrem Partner können Sie bereits mit kleinen Gefälligkeiten Ihre Liebe beweisen. Dazu helfen Ihnen die folgenden Übungen bestimmt weiter.

Aufmerksamkeit schenken

Den Ausdruck der Liebe müssen Sie nicht immer mit einem Geschenk verbinden, denn vielmehr ist die Nachricht, die Sie mit Ihrer ungeteilten Aufmerksamkeit an Ihren Partner senden, bedeutsamer, als es materielle Güter je beweisen könnten. Probieren Sie daher einmal die anschließenden Übungen aus, um Ihrem Partner Ihre Liebe zu zeigen.

Übung 1:

Setzen Sie sich Ihrem Partner gegenüber und beobachten Sie sich nun gegenseitig. Sie dürfen lächeln und sich auch dabei berühren, nur das Sprechen sollten Sie sich zunächst verkneifen. Wenn Sie Ihren Partner so anblicken, was fällt Ihnen an ihm auf? Was gefällt Ihnen besonders gut an ihm und überhaupt wie sehen seine Augen, seine Haare oder auch sein Körper aus? Wie bewegt er sich und was an seinem Aussehen finden Sie besonders anziehend? Danach dürfen Sie sich gegenseitig Ihre

Erkenntnisse mitteilen. Sicherlich wird Ihnen diese intensive Aufmerksamkeit guttun und Sie werden sich als Paar gleich viel vertrauter fühlen.

Übung 2:

Auch hier setzen Sie sich mit Ihrem Partner zusammen und sprechen gemeinsam über Ihren Tag. Dabei darf aber immer nur einer erzählen und der andere muss zuhören. Sich zu unterbrechen, ist verboten. Danach sind Sie an der Reihe und wenn Sie mit Ihren Erzählungen fertig sind, können Sie sich abwechselnd ein paar Fragen zum Tag stellen. So kommt jeder dazu, sich mitzuteilen, und das Gespräch wird nicht eintönig, weil nur einer der aktive Part ist.

- Was hat dich heute richtig glücklich gemacht?
- Worüber hast du dich geärgert und warum?
- Gab es etwas, was du heute anstrengend fandest?
- Wenn du die Möglichkeit gehabt hättest, heute etwas anders zu machen, was wäre es?
- Worauf hast du dich den ganzen Tag schon gefreut?
- Wie willst du den morgigen Tag beginnen?

DEN PARTNER UNTERSTÜTZEN

Was gibt es Schöneres, als sich immer und überall auf seinen Partner verlassen zu können? Es gibt einem ein wunderbares Gefühl der Sicherheit und gleichzeitig empfindet man tiefe Dankbarkeit. Ein Mensch, der großzügig und hilfsbereit ist, erhofft sich natürlich auch die Dankbarkeit seiner Mitmenschen und wenn diese dann allerdings nicht in dem Maße auftritt, wie erwartet, kann dies zu Konflikten führen. Schnell wird man ausgenutzt und nur wegen seiner Bereitschaft geliebt. Damit Sie in Ihrer

Beziehung ein gesundes Gleichgewicht des Gebens und Nehmens wiederherstellen, habe ich für Sie folgende Übungen zusammengetragen:

Sich gegenseitig helfen

Bei den folgenden Übungen werden Sie sich mehr darum bemühen müssen herauszufinden, wie Sie Ihren Partner dauerhaft unterstützen können, ohne dass einer von Ihnen sich benachteiligt fühlt. Dazu müssen Sie zunächst auf die Bedürfnisse des Partners eingehen und dürfen nicht allzu viele Erwartungen anstellen. Ziel ist es, eine eigene gesunde Selbstlosigkeit zu entwickeln, nur um den anderen glücklich zu machen und nichts zu fordern.

Übung 1:

Bereiten Sie für Ihren Liebsten einen schönen Abend vor. Dies eignet sich besonders, wenn Ihr Partner den ganzen Tag unterwegs war und nun erschöpft zu Hause ankommt. Kochen Sie für ihn und legen Sie alles bereit, was ihn glücklich stimmen könnte. Fragen Sie ihn, ob Sie etwas für ihn tun können und verwöhnen Sie ihn nach Strich und Faden. Er wird diesen Abend sichtlich genießen und sich sehr darüber freuen, dass Sie sich so liebevoll um ihn kümmern.

Übung 2:

Diese Übung absolvieren Sie mit Ihrem Partner gemeinsam. Erstellen Sie eine To-do-Liste mit allen wichtigen Dingen, die diese Woche anstehen, und besprechen Sie gemeinsam, wer welche Aufgaben übernimmt. Agieren Sie als Team und springen Sie auch mal für den anderen ein, wenn es nicht anders machbar ist. Wichtig ist hier, dass Sie verständnisvoll sind, wenn etwas nicht so funktioniert hat, wie es sollte. Wenn Sie zusammenarbeiten, werden Sie schnell merken, dass sich gegenseitig zu unterstützen gar nicht so schwierig ist und auch Spaß machen kann. Vor allem, wenn sich der Partner dann entsprechend bei dem anderen bedankt.

Erste-Hilfe-Tipps: Wenn die Liebe droht zu zerbrechen

Das Ende einer Partnerschaft ist sehr schmerzhaft und niemand möchte seine Verbindung zum Partner aufgeben, wenn sich noch ein Fünkchen Liebe irgendwo in den Tiefen Ihres Herzens versteckt. Doch schwierig wird es, diese Liebe aufrechtzuerhalten, wenn besonders viele prägende Ereignisse stattgefunden haben oder sich beide Partner kaum noch Mühe für den jeweils anderen geben.

Wenn allerdings keine Zuneigung für den Partner mehr vorhanden ist, wird ein Schlussstrich unausweichlich sein. Das ist tragisch und kann beide Partner sehr belasten. Vor allem dann, wenn das Ende unaufhaltsam scheint. Bis zu diesem Punkt gibt es jedoch einiges, was Sie für Ihre Partnerschaft noch tun können. Befinden Sie sich gerade auf dieser sogenannten Schwelle der Ratlosigkeit, sollten Sie sofort handeln, bevor es zu spät ist. Dabei können Ihnen die Erste-Hilfe-Tipps, die ich für Sie bereithalte, helfen, Ihre Partnerschaft zu retten.

BEZIEHUNG ANALYSIEREN

Auch wenn Sie denken, dass Sie vor einem unüberwindbaren Scherbenhaufen stehen, geben Sie nicht sofort auf. Es gilt jetzt, Ruhe zu bewahren und sich einen Überblick über die Situation zu verschaffen. Zu vorschnelle Handlungen könnten Sie behindern oder nicht zielführend sein.

Zunächst analysieren Sie jeden Teil Ihrer Beziehung und beleuchten dabei jegliche Schwachstellen, die sich gebildet haben. Dabei kann vieles zutage kommen und Sie fühlen sich bestimmt etwas überfordert angesichts der zahlreichen Hürden, die es nun zu überwinden gilt.

Die unten stehenden Fragen helfen Ihnen dabei, Ihrer Beziehung auf den Zahn zu fühlen, und geben Ihnen noch dazu Aufschluss darüber, ob sich Bemühungen noch auszahlen.

- Befinde ich mich in einer gesunden Beziehung, in der meine Bedürfnisse wertgeschätzt werden?
- Was hat in letzter Zeit dazu geführt, dass mein Partner und ich uns aus den Augen verloren haben?
- Was stört mich in der Beziehung und was soll sich ändern?
- Welche Wünsche und Sehnsüchte in Bezug auf meinen Partner haben sich bei mir entwickelt?
- Wie fühlt sich mein Partner mit der jetzigen Situation?
- Was haben mein Partner und ich dazu beigetragen, dass sich die Beziehung negativ verändert hat?
- Was ist meine größte Angst in Bezug auf unsere Beziehung?
- Welche Gefühle belasten mich, wenn ich an unsere gemeinsame Zukunft denke?
- Möchte ich die Beziehung noch so weiterführen oder gibt es eine andere Möglichkeit? Wenn ja, wie könnte diese aussehen?

Wenn Sie diese Fragen beantwortet haben, sollten Sie sich Ihre Antworten noch einmal zu Gemüte führen. Wenn Sie diese notiert haben, können Sie diese auch später im Gespräch mit Ihrem Partner verwenden, damit Sie nichts vergessen und alle Punkte ansprechen können. Gehen Sie noch einmal alle Fragen durch und werden Sie sich darüber bewusst, was Sie wirklich möchten. Ist eine Trennung der einzige Ausweg, müssen Sie dies akzeptieren und umgehend mit Ihrem Partner über Ihre Entscheidung sprechen. Doch haben Sie noch den Mut und den Willen, Ihre Partnerschaft zu retten, werden Ihnen die kommenden Ratschläge weiterhelfen.

BEDÜRFNISSE ERMITTELN UND VERMITTELN

Sie möchten Ihrem Partner und sich noch eine Chance geben und alles daransetzen, die Beziehung zu retten? Dann müssen Sie zuerst in sich gehen und Ihre eigenen Wünsche und Bedürfnisse herausfinden. Gab es in der Vergangenheit bestimmte Dinge, die Sie vermisst haben und womit Sie sich nicht abfinden konnten? Hat sich Ihr Partner verändert und vernachlässigt er Sie in gewissen Punkten? Vielleicht ahnt er gar nichts von Ihren versteckten Sehnsüchten, weil Sie nicht ausreichend mit ihm darüber sprechen? Oder sprechen Sie unterschiedliche Liebessprachen und kommen Sie einfach nicht auf einen Nenner?

Das gilt es, herauszufinden und auch Ihren Partner hier einzubeziehen. Schließlich muss auch er wissen, was Sie denken und fühlen. Dazu sollten Sie sich zusammensetzen und über Ihre jetzige Beziehungssituation sprechen. Auch er darf seine Bedürfnisse äußern und sich Ihnen öffnen. Achten Sie allerdings auf eine sachliche Diskussion und versuchen Sie, Vorwürfe und Anschuldigungen zu vermeiden. Sonst drehen Sie sich im Kreis und das Gespräch wird Ihnen nicht weiterhelfen.

Auch, wenn Sie sich gegenseitig Ihre Wünsche mitteilen, gibt es einen ganz einfachen Kommunikationstrick, den Sie anwenden können, ohne dass sich Ihr Partner angegriffen fühlt. Sprechen Sie nicht in der Du-Form, sondern nur in der Ich-Form. Das bedeutet, nutzen Sie keine Sätze wie: „Du vernachlässigst mich und ich wünsche mir mehr Aufmerksamkeit von dir!“

Besser ist es, wenn Sie über Ihre Perspektive sprechen und Sätze wie „Ich fühle mich vernachlässigt und wünsche mir mehr Aufmerksamkeit.“ nutzen. Das wird bei Ihrem Partner nicht als Vorwurf wahrgenommen, sondern spiegelt Ihre Gefühle wider, die er viel besser nachvollziehen kann. Die richtige Kommunikation kann hier Wunder wirken und so manches Krisengespräch entschärfen.

EINEN NEUANFANG WAGEN

Es kann für Sie beide eine neue Erfahrung werden, sich wieder von Neuem kennenzulernen. Vielleicht hilft Ihnen eine kleine Beziehungspause, bei der Sie sich nur auf sich selbst konzentrieren und dann mit Ihrem Partner wieder einen Neustart wagen. Wichtig ist hier allerdings, dass Sie klare Absprachen treffen und der andere dies nicht als Freifahrtschein ansieht, fremd zu flirten. Sie pausieren lediglich und trennen sich nicht endgültig. Das ist ein großer Unterschied und kann sonst zu weiteren Problemen führen, die Sie eigentlich aus der Welt schaffen wollten.

Wenn Sie es mit Ihrem Partner noch einmal versuchen möchten, vergessen Sie alle Fehler, die Sie beide in der Vergangenheit gemacht haben. Und das bedeutet auch, dass Sie nicht mehr darüber sprechen sollten, es sei denn, es belastet Sie immer noch sehr stark, dann müssen Sie noch ein letztes Mal die alten Wunden aufreißen und darüber sprechen. Doch dann sollte es auch für Sie in Richtung Heilung gehen und Sie müssen mit dem Vergangenen abschließen. Blicken Sie jetzt nach vorn und beschließen Sie gemeinsam neue Vorsätze für Ihre Beziehung.

WIEDER ZUEINANDER FINDEN

Das ist der schwierigste Teil für Paare, die kurz vor der Trennung standen: sich wieder anzunähern und die Liebe zum Partner wiederzufinden. Dies wird Ihnen nur mit gemeinsamer Anstrengung gelingen und Sie beide müssen bereit sein, Ihre Verhaltensweisen zu ändern, damit die Beziehung wieder funktionieren kann. Ziehen Sie deshalb alle Register und nutzen Sie die Tipps, die Sie in diesem Buch finden, denn so schaffen Sie es, eine verbesserte Beziehung zu führen.

Unter Berücksichtigung aller Bedürfnisse dürfte Ihrem Glück dann nichts mehr im Wege stehen. Und wer weiß, vielleicht fühlen Sie sich nach dieser Krise sogar noch vertrauter und verbundener. Immerhin wissen Sie jetzt, was Ihre Beziehung damals fast zum Scheitern gebracht hat. Eine unterschiedliche Liebessprache, ein gewisser Vorfall oder auch einfach mangelnde Achtsamkeit, was auch immer es war, Sie nutzen jetzt Ihre zweite Chance, um diese Fehler nicht mehr zu wiederholen.

HILFE IN ANSPRUCH NEHMEN

Nicht immer kann man eine Beziehung selbst retten. Viele Paare sind so festgefahren, dass es einen neutralen Blickwinkel braucht und eine Person, die zwischen beiden vermitteln kann. Wenn Sie bemerken, dass Sie auch mit allen Tipps und Ratgebern nicht weiterkommen, suchen Sie sich unbedingt professionelle Hilfe für Ihre Partnerschaft.

Es lohnt sich auf jeden Fall, wenigstens ein erstes Beratungsgespräch in Anspruch zu nehmen und seine Beziehungsprobleme zu schildern. Eine Paartherapie kann manchmal die einzige Lösung sein, um gerade schwierige Beziehungen wieder auf Kurs zu bringen. Im Falle einer Trennung kann auch diese Therapie helfen, mit dem Schmerz und der ungewohnten Situation fertig zu werden. Also bevor Sie verzweifeln und sich trennen, versuchen Sie es mit dieser letzten Möglichkeit. Sie können davon nur profitieren und wissen am Ende, woran Sie sind.

Bonus: Die perfekte Kommunikation in einer Beziehung

Es ist manchmal wie verhext. Jedes Gespräch scheint zu scheitern und Sie reden ständig aneinander vorbei. Es kommt zu Missverständnissen, Falschinterpretationen oder sogar zum Streit. Dabei kann Missmut entstehen und die Partnerschaft dauerhaft belasten. Sie haben bestimmt auch so einige gescheiterte Gespräche hinter sich und fragen sich, wie es überhaupt dazu kommen konnte. Oft scheinen Männer und Frauen eine ganz unterschiedliche Sprache zu sprechen.

Männer sprechen sachlicher und abstrakter, während Frauen sich mehr auf Details beziehen und mit mehr Emotionalität herangehen. So ist es leider für beide Geschlechter schwer nachzuvollziehen, was denn der Gesprächspartner ausdrücken möchte.

Frauen haben noch dazu das Problem, nicht klar und deutlich auszusprechen, was ihnen auf der Seele brennt. Männer dagegen ecken durch ihre konkreten Äußerungen an und schnell entsteht bei Frauen der Eindruck, sie seien unsensibel. Natürlich haben sie genauso Gefühle und Emotionen, können diese jedoch besser kontrollieren, vor allem, wenn es um Streitgespräche geht. So ist es für Männer schwierig, zwischen den Zeilen zu lesen und versteckte Andeutungen zu entziffern.

Wie können Sie in einer Beziehung Ihre Kommunikationskompetenz verbessern, fragen Sie sich jetzt bestimmt. Hierzu müssen Sie zunächst analysieren, wie Sie mit Ihrem Partner kommunizieren und wo Ihre Verständigungsschwierigkeiten liegen.

TIPPS FÜR EINE GELUNGENDE KOMMUNIKATION

Wenn Sie einige Punkte beachten, schaffen Sie es ganz leicht, sich besser auszudrücken und Ihren Partner zu verstehen. Beobachten Sie sich dabei einmal selbst, welche Schwächen Sie während eines Gesprächs haben. Fällt es Ihnen schwer zuzuhören oder unterbrechen Sie Ihren Partner, sodass dieser kaum dazu in der Lage ist, sich Ihnen mitzuteilen? Welche Schwierigkeiten ergeben sich bei Ihrem Partner?

Eine gelungene Konversation setzt voraus, dass beide Gesprächspartner zu gleichen Teilen einbezogen werden. Es sollte demnach keine Machtdemonstration geben, sondern auf Augenhöhe miteinander kommuniziert werden. Mit den folgenden Tipps ändern Sie Ihre eingefahrenen Verhaltensweisen, die Sie vielleicht schon häufiger in Gesprächen bei sich bemerkt haben.

Keine Erwartungen

Gehen Sie, wenn möglich, neutral in die Gesprächssituation hinein und erwarten Sie nicht zu viel von Ihrem Gegenüber. Versuchen Sie auch nicht, ein bestimmtes Ziel zu erreichen, sondern konzentrieren Sie sich nur darauf, was Ihnen Ihr Partner mitteilen möchte.

Hohe Ansprüche sind ein häufiger Fehler in Gesprächen und führen nur zu Enttäuschungen. Besser ist es, sich auf jede Situation einzustellen und nichts zu erwarten. Dies kann ebenfalls zur Entspannung des Gespräches beitragen und Ihr Partner wird sich Ihnen mehr öffnen, wenn Sie ihm locker und offen entgegentreten.

Klare Formulierungen

Wie schon erwähnt, sprechen Männer und Frauen eine unterschiedliche Sprache, daher sind klare Sätze und Formulierungen wichtig. Woher soll Ihr Partner wissen, was Sie meinen, wenn Sie nur in Rätseln sprechen? Sprechen Sie über Ihre Gefühle, damit Ihr Partner nachvollziehen kann, wie es in Ihrem Inneren aussieht. Vermeiden Sie schwammige Äußerungen und kommen Sie direkt zum Punkt.

Möchten Sie, dass Ihr Partner mehr Zeit mit Ihnen verbringt, sprechen Sie dies auch aus und verstecken sich nicht hinter langen verschachtelten Sätzen. Er wird Sie sonst missverstehen und denken, dass es zurzeit noch nicht so akut ist. Kurze prägnante Sätze sind für ihn leichter zu verstehen. Halten Sie sich auch mit Ausschweifungen zurück, denn diese irritieren nur und transportieren Sie nicht Ihren Grundgedanken. Fassen Sie sich kurz, wenn Sie möglichst gut verstanden werden möchten. Gewöhnen Sie sich an, sofort Ihr Anliegen anzusprechen, und ziehen Sie das Gespräch nicht künstlich in die Länge.

Keine Vorwürfe

Was auch immer in der Vergangenheit zwischen Ihnen vorgefallen ist, rollen Sie die Ereignisse von damals nicht wieder auf. Damit Sie und Ihr Liebster erfolgreich kommunizieren können, sollten Sie ihm niemals irgendwelche Vorwürfe an den Kopf werfen, ganz besonders, wenn diese unbegründet sind oder sich nicht auf die Gegenwart beziehen. Vorwürfe sorgen immer dafür, dass der Gesprächspartner sich angegriffen fühlt und früher oder später dicht macht. Sie kommen dann nicht mehr an ihn heran und genau dies möchten Sie vermeiden.

Möchten Sie schwierige Dinge ansprechen, vermeiden Sie Schuldzuweisungen und sprechen Sie besser über Ihre Gefühle und was Ihnen zu schaffen macht. So können Sie Ihrem Partner vermitteln, dass Sie Angst haben, ihn zu verlieren, weil Sie sich beide voneinander entfernt haben, anstatt zu sagen, er würde sich von Ihnen entfernen. Das Prinzip ist ganz einfach. Beziehen Sie sich in der Formulierung ein und geben auch Sie eigene Fehler zu.

Ausreden lassen

Den Partner dauernd zu unterbrechen, nur um seine eigene Sichtweise so schnell wie möglich kundzutun, ist respektlos. Auch, wenn Sie gerade platzen könnten und direkt dagegen halten möchten: Tun Sie dies auf keinen Fall.

Hören Sie Ihren Partner bis zum Schluss an und lassen Sie ihn deshalb auch ausreden. Wenn Sie das nicht tun, könnte es sein, dass Ihr Partner den Faden verliert und sich bei ihm eine gewisse Verärgerung oder sogar Fassungslosigkeit breit macht. Schließlich möchte er Ihnen mitteilen, was ihm auf der Seele brennt, und da ist es mehr als unhöflich, sich in den Vordergrund zu drängen und ihn nicht ausreden zu lassen.

Sind Sie nicht mit seinen Aussagen einverstanden, machen Sie sich einfach Notizen oder werfen Sie kurz ein, dass Sie dazu am Ende gern noch einmal etwas sagen möchten. Er wird Ihnen dann sicherlich gern während Ihrer Sprechzeit zuhören, da Sie ihn auch ohne Unterbrechung angehört haben. In einer guten Konversation gehört das Ausreden-Lassen zum wichtigsten Punkt überhaupt. Sie bringen Ihrem Gesprächspartner Respekt und Ernsthaftigkeit entgegen und er wird sich dann auch weiterhin mit Ihnen austauschen wollen.

Interesse zeigen

Wer während eines Gespräches immer anderweitig beschäftigt ist oder nur wenig Interesse entgegenbringt, wirkt gleichgültig. Warum sollte man sich dann noch mit Ihnen unterhalten, wenn Sie lieber nur am Smartphone herumspielen oder ständig den Raum verlassen, wenn Ihr Partner mit Ihnen spricht? Möchte er sich Ihnen öffnen und Sie haben gar kein ernstes Interesse an einem Gespräch, wird er sich allein gelassen und überflüssig fühlen.

Die Folge ist, dass er sich Ihnen verschließt und Sie nicht mehr an seiner Gefühlswelt teilhaben lassen will. Seien Sie auch ehrlich und sagen Sie, wenn Sie mit einem Thema wenig anfangen können, vielleicht kann Ihr Partner Ihnen einiges dazu erklären. So können Sie ebenfalls Interesse an seiner Person zeigen, auch wenn Sie gerade keine Ahnung haben, was Sie antworten sollen. Machen Sie ihn zum Mittelpunkt des Gespräches und verschieben Sie alle anderweitigen Aktivitäten auf einen späteren Zeitpunkt.

Unklarheiten beseitigen

Wenn Sie etwas nicht verstehen oder nicht sicher sind, alle Informationen richtig verstanden zu haben, fragen Sie nach, was gemeint ist. Unklare Formulierungen schaffen Sie nur so aus der Welt und außerdem ersparen Sie sich damit viel Ärger.

Drückt sich Ihr Partner nicht direkt aus und redet um den heißen Brei herum, weisen Sie ihn darauf hin, ehrlich und klar mit Ihnen über sein Anliegen zu sprechen. Nur so ist es möglich, seine Emotionen richtig zu deuten und angemessen darauf zu reagieren. Bringen Sie auch Ihren Partner dazu, sich abzusichern, indem Sie ihm vorschlagen, Fragen zu stellen.

Ruhige Gesprächsatmosphäre

Hitzige Debatten führen selten ans Ziel und besonders in einer unruhigen Umgebung, die von Stress, Lärm und Ablenkungen geprägt ist, haben ernste Gespräche keinen Erfolg. Ebenso ist es nicht förderlich, ein Gespräch zwischen Tür und Angel zu führen. Suchen Sie sich einen ruhigen Ort ohne Störungen und achten Sie darauf, dass Sie und Ihr Partner sich wohlfühlen und bei keinem ein Nachteil entsteht.

Besonders geeignet ist ein neutraler Ort, an dem Sie in aller Ruhe sprechen können, etwa ein Café oder einen Park. Der Vorteil hier ist auch, dass sich ein Streitgespräch nicht so schnell verselbstständigen kann und die Situation eskaliert, da Sie beide in der Öffentlichkeit sind und die Gefahr für Gefühlsausbrüche geringer ist. Zudem wirkt eine entspannte Atmosphäre deeskalierend. Ist ein Gespräch nur im privaten Raum möglich, beseitigen Sie alle Störfaktoren und zeigen Sie Ihrem Partner, dass Sie sich nur auf das Gespräch mit ihm konzentrieren und alles andere warten kann.

Positiv kommunizieren

Kennen Sie das? An manchen Tagen läuft alles schief, was nur schieflaufen kann. Da ist es normal, dass wir uns über alles und jeden negativ ausdrücken wollen. Doch wie wäre es, wenn Sie trotz allem das Gesagte positiv verpacken? Dies kommt bei Ihrem Partner viel besser an und er wird kooperativer sein, wenn Sie beispielsweise Negativformulierungen weglassen.

Ein „Nie hörst du mir richtig zu." wird Ihren Partner nur dazu bringen, aus dem Gespräch zu flüchten. Versuchen Sie stattdessen, positiv zu klingen, und sagen Sie „Ich würde mich besser fühlen, wenn du mir zuhören würdest." Das wirkt viel freundlicher, sachlicher und ist nicht mit starken Emotionen behaftet, die mitunter im Gespräch falsch gedeutet werden könnten. Vermeiden Sie daher Verneinungen und streichen Sie vorwurfsvolle Formulierungen aus Ihrem Wortschatz.

DAS PERFEKTE GESPRÄCH

Die Kunst, ein erfolgreiches Beziehungsgespräch zu führen, liegt darin, bestimmte Punkte zu beachten und auch darauf zu achten, dass die Bedürfnisse der Gesprächspartner gleichermaßen Beachtung finden. Man kann sich dies wie eine Art Spiel vorstellen, bei dem beide Parteien mit den gleichen Chancen agieren und jeder fair behandelt wird. Der Spielball wird abwechselnd hin und her gespielt und niemand wird benachteiligt. So ist es auch bei einer guten Konversation.

Es gibt immer eine Sachebene und eine Beziehungsebene in einem Gespräch und diese gilt es zu trennen, damit sich beide Gesprächspartner nicht verzetteln.

Die Sachebene bezeichnet klare Fakten und die Beziehungsebene beinhaltet Emotionen und Bedürfnisse. Mischt man diese Punkte, wird ein Gespräch höchstwahrscheinlich nicht funktionieren, da beide Personen auf unterschiedlichen Ebenen kommunizieren. Jetzt möchten Sie bestimmt wissen: Wie sieht so ein perfektes Gespräch aus, bei dem beide Partner gleichberechtigt und am Ende zufrieden mit dem Ergebnis sind? Mit den folgenden Tipps ist das ganz einfach.

Standpunkte teilen

Klären Sie Ihren Standpunkt und legen Sie alle Fakten auf den Tisch. Wie sieht die jetzige Situation aus, was ist anders und was funktioniert nicht mehr? Bleiben Sie dabei sachlich und nennen Sie nur Sachverhalte, keine Gefühle. Danach ist Ihr Partner dran. Wenn Sie sich beide mitgeteilt haben, können Sie zum nächsten Schritt übergehen. Sie können auch Notizen machen, damit Sie beide den Überblick behalten und sich am Ende nicht auf einen Punkt versteifen.

Bedürfnisse aussprechen

Sind alle wichtigen Punkte aufgeführt, die Sie ansprechen wollten, geht es nun daran, über Ihre Wünsche und Bedürfnisse zu sprechen. Sagen Sie ehrlich, wie es in Ihnen aussieht und welche Gefühle Sie verspüren. Ihr Partner hat ebenso das Recht, seine Gefühle offenzulegen. Verurteilen Sie sich nicht und akzeptieren Sie die Gefühlswelt des anderen.

Es gibt immer einen Grund, weshalb sich diese so entwickelt hat, und diesen gilt es nun, herauszufinden und zu beseitigen. Kochen die Emotionen hoch, legen Sie eine kleine Pause ein und reden Sie erst weiter, wenn sich die Situation beruhigt hat. Diese Phase in einem Gespräch kann die schwierigste sein und es ist nicht leicht, Verständnis für den anderen Partner aufzubringen, wenn man eine andere Wahrnehmung besitzt.

Lösungsvorschläge unterbreiten

Nun sollten Sie gemeinsam überlegen, welche Lösungen Sinn ergeben könnten, damit Ihr Liebesleben weiterhin funktioniert. Sammeln Sie Ihre Ideen und notieren Sie diese unbedingt. Wenn Ziele auf Papier festgehalten werden, sind sie viel greifbarer und geraten nicht so schnell in Vergessenheit. Suchen Sie nun gemeinsam eine Lösung aus, mit der Sie beide arbeiten können. Fragen Sie sich auch, woran Sie arbeiten müssen und wie Sie es schaffen, dieses neue Ziel zu erreichen.

Einen gemeinsamen Weg finden

Formulieren Sie einen groben Plan, den Sie beide verfolgen möchten. Halten Sie sich unbedingt daran und wenn ein Partner davon abweicht, können Sie sich daran erinnern, welche Abmachung Sie getroffen haben. Veränderungen brauchen Zeit und es kann vorkommen, dass Ihre Bemühungen nicht auf Anhieb Erfolge erzielen. Bleiben Sie geduldig und sprechen Sie regelmäßig über Fortschritte oder Niederlagen.

Nachwort

Als Gary Chapman mit seinem Buch „Die fünf Sprachen der Liebe" Beziehungen analysierte, kam er zu erstaunlichen Erkenntnissen. Jeder Mensch spricht seine eigene Liebessprache und kommuniziert über diese mit seinem Partner. Hierbei können einige Schwierigkeiten in der Kommunikation auftreten, die für vielerlei Konflikte in der Partnerschaft verantwortlich sind. Mit dem Wissen über die fünf Liebessprachen, die da wären Lob und Anerkennung, Zärtlichkeit, Zweisamkeit, Aufmerksamkeiten und Hilfsbereitschaft, können diese Konflikte erfolgreich vermieden werden. Paare können sich besser verstehen und auf den anderen Partner eingehen, sodass kaum noch Bedürfnisse übergangen werden können.

Noch dazu gehört zu einer perfekten Beziehung die Bereitschaft beider Partner, etwas zu verändern, wenn sich die Gegebenheiten plötzlich anders entwickeln. Dabei können Ihnen die Hilfestellungen in diesem Buch gute Anreize bieten und Sie beide dazu motivieren, achtsamer miteinander umzugehen. Zeitgleich wird auch Ihr Bewusstsein für den Partner geschärft und vielleicht entdecken Sie wieder Seiten an Ihrem Partner, die Sie positiv überraschen werden.

Diesen Ratgeber, aufbauend auf Gary Chapmans Thesen, habe ich geschrieben, um Paaren zu helfen und Ihnen zu der fachlichen Theorie noch praktikable Lösungen und Übungen zu liefern. Was nützen die besten Erkenntnisse, wenn Sie keine Ahnung haben, wie Sie diese umsetzen können? Daher liegt es mir sehr am Herzen, Ihnen und Ihrem Partner eine Art Fahrplan mitzugeben, anhand dessen Sie sich orientieren können. Wenn Sie mein Buch aufmerksam studiert haben, werden Sie hoffentlich viel daraus mitnehmen können und Ihre Partnerschaft neu beleben. Außerdem hoffe ich, dass Sie einiges über die unterschiedlichen

Liebessprachen dazulernen und noch dazu erkennen konnten, welche Liebessprache Sie und Ihr Partner sprechen. Die Ratschläge und Übungen aus diesem Buch dienen dazu, Ihnen eine perfekte Hilfestellung für das Abenteuer Beziehung zu geben. Es lohnt sich, für diese zu kämpfen und auch mal aus seiner eigenen Komfortzone herauszutreten, damit man dem Partner auf Augenhöhe begegnen kann.

Abschließend wünsche ich Ihnen noch viel Erfolg bei der Umsetzung der Tipps und eine verbesserte Beziehung, in der Sie und Ihr Partner voll aufblühen und wieder zueinanderfinden. Ich bin überzeugt davon, dass Sie und Ihr Partner eine spannende Zeit vor sich haben werden, die Sie nun gemeinsam mit Leichtigkeit meistern werden.

Quellenangaben

- 7 Gründe, warum Liebe für den Menschen wichtig ist - Rezeptefursleben.de
- Wie entsteht Liebe? - So wird's in der Wissenschaft erklärt (helpster.de)
- Was bedeutet das Wort Liebe? (meridianerland.com)
- Liebe - Wikipedia
- Die 7 Arten der Liebe, neben der romantischen Liebe - Wie Sie Liebt
- Gary Chapman - Wikipedia
- Den Partner loben und Anerkennung schenken (perfekte-beziehung.com)
- Den Partner richtig loben - kinderleicht! | beziehungsweise (beziehungsweise-magazin.de)
- Fehlende Wertschätzung in der Partnerschaft? So geht's besser! (raumfuereuch.com)
- Richtige Kommunikation in der Beziehung - 7 Schritte der Klarheit (inselentspannung.com)
- 26 Übungen für die (systemische) Paartherapie, die Sie kennen sollten (clevermemo.com)
- Chapman, Gary: Die fünf Sprachen der Liebe, Francke-Buch; 8. Edition

Wir danken Dir für Dein Interesse und Dein Vertrauen. Als Dankeschön dafür, haben wir eine besondere Überraschung. Du möchtest selbstbewusster sein und wahre Selbstliebe leben? Dann haben wir das Richtige für dich. Entdecke deinen persönlichen Selbstliebe und Selbstbewusstseins Coach. Das Beste: Sie erhalten diese vollkommen kostenlos. Das klingt wunderbar? Dann warten Sie nicht lange und holen Sie sich Ihr Gratis-Geschenk.

Hier geht es zu Ihrem Gratis-Geschenk:

https://forms.gle/sGXGTwmR8dUW5UyJA

1. **Öffnen Sie die Kamera-App auf Ihrem Smartphone und richten Sie die Kamera auf den QR-Code.**
2. **Klicken Sie auf den Link, der Ihnen angezeigt wird und schon werden Sie zur Website weitergeleitet.**

Impressum

Herausgeber: Malik & Mähleke GmbH / Ericusspitze 4 / 20457 Hamburg
Kontakt: kontakt@empireofbooks.de
Website: https://empireofbooks.de
Coverbild: Shutterstock

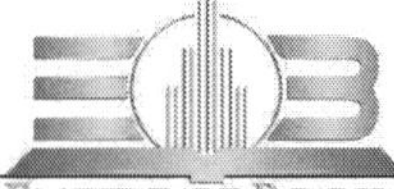